CAMINO *de* REGRESO A MÍ

El CAMINO de REGRESO A MÍ

Lisa A. Romano

Sanar y Recuperarse de la Codependencia, la Adicción, el Fomento del Comportamiento Disfuncional y la Baja Autoestima

El Camino de Regreso a Mí
Sanar y Recuperarse de la Codependencia, la Adicción, el Fomento del Comportamiento Disfuncional y la Baja Autoestima

v1.0

Outskirts Press, Inc.
http://www.outskirtspress.com

Portada suave ISBN: 978-1-9772-0665-7

Número de Control de la Librería del Congreso: 2018915106

IMPRESO EN LOS ESTADOS UNIDOS DE AMERICA

"La primera vez que tomé el libro 'El camino de regreso a mí' fue para que me ayudara a lidiar con algunos de mis propios problemas personales, sobre todo porque sentía que Lisa tenía un grado de perspicacia personal que excedía en gran medida la de cualquier otra persona a la que haya conocido. En lo personal, creo que la obra de Lisa es al mismo tiempo estimulante y muy satisfactoria porque era exactamente lo que necesitaba escuchar. Como médico clínico practicante dedicado a la salud mental, la obra de Lisa me parece sólida desde el punto de vista médico y coherente con los métodos más efectivos basados en hallazgos científicos. Sus chats por Internet, en los que muestra una gran pasión, son un excelente complemento de sus libros y también los recomiendo mucho".

Kevin L. Petersen PhD, LP, LMHC
Psicólogo clínico/Socio Gerente
New Directions Counseling Services

Dedicatoria

Nací para escribir esta historia. Me ha llevado muchos años reunir el coraje para escribir un libro que sabía que podría herir a las personas a las que más quiero. No es ni jamás ha sido mi intención herir a nadie. De hecho, cuando era niña, me desconcertaba con mucha frecuencia la insensibilidad de las personas a las que quería. La niña que era entonces estaba demasiado ocupada en evadir el dolor como para poder separarse de él. Conforme se lee mi historia, puede llegarse a creer que este libro es de alguna manera una venganza. Si se llegara a esa conclusión, se estaría equivocado.

A mi familia:

Los amo más de lo que podrían llegar a imaginarse. Me doy cuenta de que, si alguna vez se tomaran el tiempo de leer este libro, podrían sentirse heridos y quizá incluso enfadados. Quiero que sepan que estuve embarazada de este libro durante muchos años. El temor a lastimarlos fue la única razón por la cual no hice que lo publicaran antes. Hace poco, algo dentro de mí cambió. Ahora veo que mi historia puede ayudar a otras personas que han tenido problemas como yo. Por favor, confíen en mí. Este libro no es sobre ustedes. Este libro ni siquiera es sobre mí. Este libro es sobre amor propio, algo sobre lo cual el mundo necesita conocer mucho más.

A mis amigos de la infancia:

No estaría donde estoy hoy si no hubiera sido por todos ustedes. Sus generosos corazones me abrazaron cuando más necesitaba amor. En ustedes encontré rasgos de mí misma y aprendí a superar mi temor a los demás.

A mis hijos:

Ustedes han sido mis mejores maestros. Mi amor por ustedes ha sido mi motivación. Mi deseo más profundo es ver alegría en sus ojos y saber que ustedes saben que los aman. En muchas ocasiones les he pedido que confiaran en mí. Sé que no siempre fue algo fácil de hacer. Creo que los esfuerzos valieron las lágrimas. No podría haber una madre más orgullosa que yo. Son mi corazón.

A mi amor:

Ahora me doy cuenta de que no podría haberte encontrado sin antes haberme encontrado a mí misma. Uno de los mayores dones que he recibido en mi camino de regreso a mí fue la dicha de descubrir que el amor auténtico y maduro existía. Gracias por estar abierto a la mujer que soy. Te amo con todo mi ser.

Contents

Introducción al yo perdido

El tiempo ha pasado y a esta altura me ha dejado recuerdos. Lo subjetivo se volvió objetivo, y tras ello por fin la paz ha llegado. No siempre fue así. Tras nacer en el miedo, me devine miedo. Mi diminuto ser, no consciente, inocente, frágil y nuevo, absorbió las rarezas del lugar que aprendería a llamar hogar. No podría haber conocido mi verdad. No podría haber conocido la verdad. Quienes me criaron eran ciegos a la suya propia. ¿Entonces cómo podría haber poseído un yo? Este yo, a quien debía haber conocido, me era desconocido. No tener un yo, estar desprendida de mi esencia, me llevó a vivir una vida mental. No tuve otra opción. Mi mundo no me veía. Condicionada a creer que el valor que otros me atribuían determinaba mi identidad, la vida era un laberinto de frustración constante. Este yo yacía quieto, congelado e inmóvil, desprovisto de aliento. Bajo las cargas de mi vida diaria, mi yo seguía siendo un extraño en medio de vastos valles. Fue un milagro que esa desconexión interior tan amplia, tan profunda, no terminara por consumirme.

Me ha llevado décadas deshacerme de esos fantasmas llamados culpa y vergüenza. Mi niñez, manchada de la agobiante sensación de no valer nada, me ha llevado a desviarme por muchos malos caminos. La tranquilizadora voz del suicidio y el aroma de la muerte me han resultado acogedores. El dolor puede fragmentar almas y dejar tras su paso cuerpos deshabitados como única evidencia de que alguna vez haya existido un alma. He sido un cuerpo deshabitado gran parte de mi vida, si bien nadie pudo haberlo sabido. Desde muy joven aprendí a negarme y al mismo tiempo a sonreír justo en el momento necesario.

El camino que estás por emprender lo emprenderás como mi acompañante. Ahora escribo como observadora que mira lo que fue a través de la irregular mirilla del conocimiento de mí misma, despreocupada con satisfacción por los juicios de quienes opten por unirse a mí en la travesía. Es incómodo recordar, así como no poder recordar algo de lo que fue. Por esas razones agradezco a las amables espaldas de la sabiduría, conforme el espíritu me anima a permitir que se digan verdades sin inhibiciones. Pasearás por este sendero de los recuerdos sobre los maltrechos ladrillos que han trazado el camino de mi vida, y descubrirás cómo, en las interacciones más sutiles, la psiquis se rinde ante las fantasías y las voluntades silenciosas de otros por razones desconocidas.

Cuando reflexiono sobre mis recuerdos, siento que me asesinaron muchas veces y, lo que es mucho más horroroso, que mi sufrimiento nunca importó. La invisibilidad psicológica envenenó mi proceso mental tanto como invalidó mis experiencias, así las grandes como las pequeñas. La vida era hacer malabares. Cruzaba de puntillas un hilo delgado que estaba tendido de un lado de mi mente al otro, mientras el destino seguía su alegre camino por debajo de mí. Con frecuencia me preguntaba si era sincera en algún momento.

No es posible recuperarse de la muerte de la propia alma sin regurgitar la amargura de aquello que fue. La muerte del alma es resultado de la invalidación y la única manera de curarla es desenterrar la fealdad que se ha ocultado en las griegas del ser de uno. Con corazón de sobreviviente, raros mecanismos para sobrellevar mis problemas me mantuvieron a flote en la fosa séptica de las emociones tóxicas que corrían por mis venas. Alguna vez avergonzada, ya no lo estoy, pues la ternura del amor propio me cubre de humilde comprensión.

Estoy depurada. Nací de nuevo y mi deseo más profundo es ayudar a otros a purificarse también. No soy insignificante ni jamás lo he sido. Y a pesar de todos los desvíos que tomé, he encontrado el camino de regreso a mí. Espero que lo que leas te llegue, pues es el recuerdo más sincero de esta autora. Vivirás no solo la muerte de mi alma, sino también su nacimiento. Bienvenido a mi corazón.

Mandamientos

Mi familia era en apariencia como todas las demás. Vivíamos en una modesta casa de clase media en Queens, Nueva York. Mi hermano, mi hermana y yo asistimos a una escuela católica privada, y mi padre tenía su propia empresa de reparación de sistemas de refrigeración, que lograba administrar desde la mesa de formica de nuestra cocina. Mis padres hacían una linda pareja y los setos de nuestro jardín siempre estaban cortados con prolijidad. Teníamos un perro que se llamaba Smokey y también un par de aves. Durante los meses de verano, la norma era encontrar a uno o dos vecinos sentados en nuestro pórtico, fumando un Marlboro, mientras los niños ensuciaban las calles oscuras y atrapaban luciérnagas.

Mi madre era ama de casa. Dedicaba sus días a lavar ropa, planchar y preparar las comidas que servía a las cinco en punto todas las tardes. Mi padre era un hombre trabajador que llegaba a casa todas las tardes justo a tiempo para que se sirviera la cena. Adoraba cómo cocinaba mi madre y no tenía miedo de expresar su amor por la comida. A Mamá le gustaba complacer a mi padre. De hecho, le gustaba mucho.

Soy la mayor de tres hermanos. Tengo un hermano menor, Marc, y una hermana menor, Leslie. Marc y yo peleábamos con frecuencia, como la mayoría de los otros hermanos y hermanas que conocí que tuvieran tan poca diferencia de edad. A veces las peleas pasaban a ser físicas. Sin embargo, era raro que Leslie y yo nos peleáramos. Por alguna razón, la consideraba alguien especial… incluso angelical. Su cabello era del color de los girasoles, como el de Mamá. Y sus ojos eran azules como un mar caribeño. Mamá también tenía ojos del color del agua. Leslie rebosaba alegría y, si bien todos se enamoraban de ella en cuanto la veían, nunca sentí sino ternura en mi corazón por mi hermanita. Me alegraba que la quisieran.

Había sutiles distinciones que me preguntaba en secreto, como si alguno de los otros niños a los que conocía tenían abuelos y tíos alcohólicos o jugadores compulsivos. ¿Algún otro niño de mi edad tenía una abuela que se había suicidado o una tía con esquizofrenia paranoide? ¿Había alguna persona con retraso mental en su familia, como mi tía Jane? Dentro de mí, sabía que mi familia no era como muchas otras y sabía que, desde fuera, nadie podía haber sabido cuán diferente éramos en realidad. Pero esos presentimientos no eran algo que sintiera que podía contar a otros. Es que en mi casa había reglas. Reglas de las que nunca se hablaba, pero que sin embargo eran mandamientos con los que se cumplía.

Nunca me dijeron que no podía llorar, pero se mofaban de mí cuando lo hacía. Nunca me dijeron que no podía hablar sobre mis sentimientos, pero me hacían sentir vergüenza cuando hacía preguntas, me retraía, me reía, bailaba o no sonreía cuando se suponía que debía hacerlo. Nunca me dijeron que no me querían, pero me dijeron que era mala. Nunca me dijeron que no era digna, pero me catalogaban de egoísta por querer, por desear, por soñar tener. Nunca me dijeron que era fea, pero tampoco me dijeron que era linda. Me dijeron que dijera la verdad. Pero, por el contrario, siempre sentí que nuestra vida era una mentira.

Elefantes rosas

La madre de mi madre era alcohólica. La abuela vivía justo a la vuelta de la esquina de donde vivíamos nosotros. La parte trasera de su casa daba con el patio trasero de la nuestra. El hermano menor de mi madre, Peter, vivía a unas manzanas. Era alcohólico y jugador compulsivo. El hermano mellizo de mi madre, John, nunca tuvo hogar en realidad. También era alcohólico y jugador compulsivo. El padre de mi madre, a quien nunca conocí, murió mientras mi madre estaba embarazada de mí. También era alcohólico y, según el tío John, además le gustaba golpear a las mujeres. De no haber sido por el tío John, no lo habría sabido. Mi madre tendía a glorificar a todo hombre que encontrara dinero para comprarse trajes a medida, mientras sus propios hijos se vestían con ropa usada, andrajosa, que les daban vecinos benévolos.

El padre de mi padre era alcohólico. Se rumorea que también cometía maltrato físico contra las mujeres. Según las crudas anécdotas que contaba mi padre, mi abuelo era un borracho explosivo que se divertía con torturar a sus hijos cuando estaba borracho. Desde las nubes de la ebriedad, le parecía gracioso martillar un clavo en un trozo de madera que colocaba en la cabeza de su hijo. Era un hombre voluble con episodios de ebriedad iracunda durante los cuales no se podía confiar en él. Nunca conocí a la madre biológica de mi padre, Pauline. Se suicidó cuando él tenía apenas cuatro años. Mi abuelastra Elizabeth se casó con mi abuelo después del suicidio. Mi abuelo corría peligro de que el servicio social le quitara a sus cuatro hijos por desatenderlos. Elizabeth, una mujer cálida y bondadosa, se casó con mi abuelo e hizo lo que pudo por unir de nuevo a la familia. Trajo consigo a una hija con retraso mental de un matrimonio anterior. Juntos, mi abuelo y Elizabeth tuvieron una hija propia, llamada Paula.

Mi padre tenía tres hermanos por parte de su madre. Sus dos hermanas mayores se llamaban Maria y Evelyn. Su hermano mayor, el tercer hijo de la familia, se llamaba Sam. Mi padre era el más joven. Maria se alejó de su familia cuando era adolescente. Nunca la conocí. Me dijeron que no aceptaba a Elizabeth como reemplazo de su madre fallecida. Cortó relaciones con todos los miembros de su familia en cuanto sintió tener edad suficiente como para hacerlo. Recuerdo percibir el dolor en la voz de mi padre cada vez que hablaba de ella. Echaba de menos a su hermana mayor, que intentó con desesperación cumplir el papel de madre después del suicidio de su mamá. Su hermana Evelyn sufría de esquizofrenia paranoide, y entraba y salía de hospitales psiquiátricos durante mi niñez. Sam era un hombre grande que me recordaba a un gorila de espalda plateada. Era alto, encorvado, de mandíbula prominente, enorme cráneo, y por alguna razón clavaba la vista en el cielo raso cada vez que hablaba con uno. Yo hacía cuanto podía por no mirarlo con mucha frecuencia.

Era poco común que Mamá y Papá mezclaran a las dos partes de la familia. Los domingos visitábamos a los padres de mi padre, y los hermanos de mi madre pasaban durante la semana, si es que pasaban. De todas maneras, la familia de mi madre no era del tipo que uno visitaría. John en realidad nunca tuvo casa propia, fuera de las casas de las mujeres casadas con las que se acostaba, y Peter era un hombre poco demostrativo que dejaba ver que no le gustaba la compañía. La madre de mi madre no era lo que la mayoría consideraría del tipo maternal o comunicativo. Era una mujer débil, callada, con adustos ojos verdes, que siempre tenía los nervios de punta. Nunca sentí que fuera mi abuela. Fue un sentimiento que nunca dejé de tener.

Inadaptada

En mi manzana vivían muchos niños. Barbara y R.J. eran los hijos de amigos de mis padres que vivían a unas casas de la nuestra. R.J. era amigo de Marc, y Barbara, de Leslie. Si alguna vez los cinco jugábamos juntos, mi hermano se aseguraba de recordarme que yo era la intrusa, la que no tenía amigos propios. Cuando Marc me atacaba así, me dolía como si me pellizcara la piel. Era muy poco común que me sintiera parte del grupo. A veces no quería recordar que no encajaba.

Era habitual que pasara tiempo sola. Durante los meses de verano, mientras la mayoría de los niños jugaban juntos afuera alegres como el viento, lo más probable era que yo estuviera en mi habitación soñando despierta o escribiendo, o en mi bicicleta en alguna parte del otro lado de la ciudad. La experiencia me había enseñado que pasar tiempo sola dolía menos que intentar que me aceptaran. Más o menos a los diez años me rendí en silencio a la idea de que estaba llena de defectos, quebrantada, era malvada y había algo que estaba muy mal en mí.

La mayoría de los días iba en bicicleta a Eaton's Park, donde terminaba sobre las piedras que bordean el agua o solo montaba sin rumbo por los caminos del parque. Fingía no advertir los grupos de niños que jugaban handball o corrían por los aspersores. Me apuraba a pasarlos, con una mirada determinada en el rostro y la esperanza de hacer, de alguna manera, que otros pensaran que en realidad tenía algún lugar al cual ir. Con temor incluso de lo que los extraños pensaran de mí, cubría mi rostro con expresiones que, esperaba, les impidiera ver cuán solitaria sentía.

A veces, cuando Leslie y Marc no estaban, podía jugar con Barbara y R.J. Marc y Leslie tenían otros amigos con los cuales jugaban, y cuando estaban ocupados haciendo otras cosas, yo esperaba con ansias pasar tiempo con Barbara y R.J. Su madre Theresa siempre fue considerada conmigo. Tenía el presentimiento de que animaba a sus hijos a que vinieran a buscarme cuando mis hermanos no estaban en casa. Barbara y R.J. nunca fueron crueles conmigo. De hecho, R.J. estuvo enamoradísimo de mí cuando teníamos siete años. Éramos de la misma edad. El enamoramiento no duró mucho, y nunca lo aprecié de todas maneras.

Me gustaba estar con Barbara y R.J. Había un vínculo entre ellos que mis propios hermanos y yo no teníamos. R.J. en serio parecía querer a su hermana menor. Recuerdo desear que Marc me tratara como R.J. trataba a Barbara. Si Barbara tosía porque había tragado demasiada agua en la piscina, R.J. apartaba de su camino muros de agua para estar enseguida junto a su hermana. La abrazaba y, con los ojos y la voz llenos de inquietud, le preguntaba si estaba bien. Era cálido, genuino y me dejaba con el deseo de tener también una relación así.

Sentía que Theresa y su marido, Joe, eran más sinceros que mis propios padres. Cuando Joe se reía, también se reían todo su rostro y su cuerpo. Y cuando me preguntaba cómo me iba, hacía lo posible por hacer que me quedara quieta el tiempo suficiente como para mirarlo a los ojos. Sabía que yo le importaba, pero también sabía que no podía decirle la verdad. De hacerlo, me escucharía, quizá hablara con mis padres, ¿y después qué? Lo mejor era mantener mis demonios encerrados. De todos modos, no podía expresarlos. Y, por sobre todas las cosas, no quería que mi madre me dijera que no podía jugar más con Barbara y R.J.

Ojalá fuera una niña auténtica

De niña, no sonreía mucho. Nunca me di cuenta hasta que lo mencionó Connie, la amiga de mi madre. "En serio deberías sonreír más a menudo. Deberías comportarte más como tu hermana Leslie. Es adorable. Tú siempre te ves enfadada", me dijo y me tomó por completo por sorpresa. Me hizo sentir observada, vigilada y juzgada. No me gustó esa sensación, y después de su comentario, también ella dejó de caerme bien.

Yo pensaba que era fea. Nunca me sentí una niña linda. No era una niña linda. Una vez, en la tienda por departamentos Caymen's, estaba mirando bolsos cuando escuché a una vendedora decirme: "¿Puedo ayudarlo, joven?". Se me hundió el corazón con la fuerza de un bloque que cae del cielo. Me sentí desnuda, expuesta, como si mi peor temor se hubiera confirmado. Era fea.

Poco después de ese incidente, estaba parada frente a mi casa cuando un niño nuevo, con mucho pelo y mayor que yo, venía paseando por nuestra manzana. No le gustó la manera en que lo miré, así que se acercó y me dijo: "¿Tienes algún problema conmigo?". Antes de poder decir una palabra, me dio un fuerte puñetazo en el estómago y después me pegó en el costado de la cabeza cuando me incliné, agarrándome el vientre. Mientras estaba tirada en el piso, encogida como una bola, con los brazos protegiéndome la cabeza, me pateó una o dos veces más antes de decidir dejarme en paz.

Recuerdo haberme sentido pasmada y aturdida. Todo sucedió tan rápido. No había hecho nada como para que me tratara mal. Ni siquiera sabía quién era. Todavía puedo ver su rostro. Sus cejas eran negras y abundantes, y su vello facial parecía anormal para un niño de trece o catorce años. En esa época yo tenía solo unos once años, y su violencia contra mí me perturbó mucho. Me quedé acostada en el piso hasta estar segura de que no fuera a pegarme de nuevo. Cuando se fue, me puse lentamente de pie y fui corriendo a mi habitación desconcertada, asustada, sangrando por los rasguños en mis brazos y piernas. Nunca les dije a mis padres qué había sucedido. Lo guardé para mí y me oculté en mi habitación, escuchando desde la ventana los sonidos que hacían todos los niños de mi manzana en sus persecuciones por la calle.

Unas horas más tarde mi hermano Marc vino a mi habitación a buscarme. Fingí estar ocupada porque no quería que supiera cuán sola me había estado sintiendo. "Lee, ¿un niño acaba de golpearte?", me preguntó.

"Pues sí, un niño me golpeó mientras estaba afuera, pero no sé por qué. ¿Por qué preguntas?".

"Porque ese niño acaba de decirme que le había partido la cabeza a mi hermano y le dije, 'no tengo hermano'".

No sabía qué se sentía peor: no saber por qué me habían golpeado, el dolor de la golpiza, la humillación de que lo hubieran hecho o que me hubiera golpeado un niño que creía que estaba golpeando a otro varón. La dinámica familiar me había enseñado a tragarme las emociones negativas. Ahí estaba, parada frente a mi hermano, luchando por sacar tajada de mi vergonzosa realidad, haciendo lo posible por fingir que todo estaba bien.

Odiaba cómo mi madre hacía que me cortaran el cabello. Insistía en que lo mantuviera corto. Los cortes de Dorothy Hamill eran un furor en aquella época, pero no le quedaban bien a mi cabeza de trapeador. Las capas cortas, que se habrían visto muy bien en cabello lacio y brilloso, hacían que mi cabeza se viera como una bola de rizos marrones. Lejos estaba de ser una niña que pudiera usar hebillas o moños, si bien en secreto deseaba serlo. Estaba segura de que, de todos modos, el mundo se habría mofado de mí, incluso si alguna vez hubiera intentado verme como una niña auténtica. Así que, en lugar de eso, aprendí a tolerar mi cabello con todo su desorden.

Deseaba ser linda. En mis fantasías, era preciosa, adorable y también delicada. Recuerdo desear sentir la suficiente libertad como para ser la niñita que estaba encerrada muy profundo dentro de mí. Quería con desesperación sentirme aceptada lo suficiente como para usar ropa linda y sostener mi cabello hacia atrás con moños. Pero el miedo a que mi madre, mi hermano o mis compañeros de escuela se rieran de mí me hacía contenerme en todo momento, por el temor a que los otros rechazaran quien yo era en realidad. Rechazarme a mí misma dolía menos.

Recuerdo que me llamaron marimacho. No sabía qué quería decir, pero sí sabía que significaba que no era como todo el resto de las niñas a las que conocía, o incluso como mi hermosa hermanita. Trepaba árboles porque era algo que podía hacer sola. Montaba en bicicleta y pescaba porque también eran cosas que podía hacer por mi propia cuenta. Mis rodillas raspadas y mis codos rasguñados eran el resultado de sacar el mayor provecho de mi sensación de no encajar. No representaban quien yo era en realidad. Yo era una niñita delicada, desesperada por no sentir que debía fingir no sentir nada en absoluto.

Dos broches cuadrados/
un orificio redondo

La tía Jane tenía retraso mental. Mi abuela Elizabeth hacía cuanto podía por fingir que no era lo retrasada que era. De hecho, mis abuelos dejaron que mi tía se casara con un tipo llamado Paul. Paul no tenía una mente muy brillante, pero hasta yo sabía que mi tía no podía cocinar ni limpiar, y yo era una niña.

Creo que tenía alrededor de tres años cuando mi tía se casó con Paul. Recuerdo que mi abuela me llevó a una tienda. Fuimos a comprarle a mi tía carne para hacer a la olla en la cena. "Vamos a ayudar a la tía Jane a prepararse para la cena, querida", me explicó mi abuela. Subimos una larga escalera hasta un apartamento en el que nos esperaba la tía Jane. Era una criatura baja, débil, de aspecto pálido, con cabello castaño rojizo y ojos verde musgo. A veces sus ojos se movían con rapidez de un lado al otro. Eso siempre me asustaba.

Cuando llegamos al apartamento, mi abuela se ocupó de la cocina mientras mi tía permanecía de pie junto a ella, meciéndose con nerviosismo. La tía Jane hacía mucho eso cuando se ponía nerviosa. "Jane, saca la carne a la olla a las cinco. Pídele a Paul que la corte. Las patatas deberían estar listas a la misma hora. Recuerda, Jane: a las cinco; saca la carne a las cinco en punto", le indicó mi abuela, mientras me tomaba de la mano y me sacaba del apartamento. "Jane, cierra la puerta con llave cuando nos vayamos", continuó mi abuela.

El matrimonio no duró mucho. La tía Jane volvió a vivir con mis abuelos en un dormitorio pequeño pegado a la cocina de su casa de Maspeth. Su dormitorio estaba cubierto con fotos de *Teen Beat* de Donny Osmond y Sean Cassidy. Tenía un pequeño tocadiscos rectangular en el que hacía sonar discos de 45 revoluciones una y otra vez. Le encantaba la música. Es decir, la música de hombres jóvenes.

Se sentaba en el borde de su cama con una bata y se movía hacia atrás y hacia delante, hacia atrás y hacia delante. Ponía una mano dentro de la otra. La palma de una mano rodeaba los nudillos de la otra. Usaba mocasines y calcetines a la altura de los tobillos. Su piel siempre estaba seca. Su cabello siempre estaba grasoso y despeinado. Era una golosa insaciable, y cada vez que la visitábamos, mis padres le llevaban barras Snickers y Baby Ruth. No hablaba mucho, pero cuando lo hacía, enhebraba risitas en la mayoría de las sílabas.

A la tía Jane le gustaban los chicos. A pesar de tener quizá treinta años, más o menos, tenía la mentalidad de una niña muy pequeña. A veces me resultaba desconcertante tratar de entender por qué era tan diferente de otros adultos que conocía. Siendo yo misma una niña, poco podía hacer más que aceptar a esa inocente criatura por quien era. Mi abuelo parecía sentir repugnancia con solo mirarla, mientras que mi abuela parecía consentirla. Mi padre la fastidiaba en broma y a ella parecía gustarle mucho. Mi madre era amable con ella y muchas veces la vi bañarla y cortarle las uñas y el pelo.

Cuando tenía alrededor de diez años, mi abuela me pedía a veces que acompañara a mi tía a la tienda de la esquina a comprar leche. Fue entonces que empecé a darme cuenta de que no todo el mundo tenía una tía Jane en su familia. Mientras caminábamos a la tienda, nos cruzábamos con gente que nos miraba. Los niños detenían sus bicicletas solo para mirarla, como si fuéramos un número de circo. Una vez, mientras caminábamos a la tienda, un niño pequeño nos alcanzó con su bicicleta. Mientras avanzaba junto a nosotros, le dijo a mi tía, con obvia mofa en su voz: "Oye, Janey, Janey, Janey, Janey. ¿A dónde vas Janey, Janey, Janey?".

Se encendió en mí una ira como si mis piernas fueran cerillas y el piso bajo mis pies fuera un pedernal. Quería lastimarlo, voltearlo de su bicicleta y quizá golpearlo en la cara, pero no lo hice. En lugar de eso, me puse del otro lado de mi tía y me interpuse entre ella y el niño mientras se afirmaba sobre su asiento banana. "Vete de aquí antes de que te baje los dientes de un golpe", lo amenacé. Mi voz fue firme y la sorpresa de sus ojos se convertía en preocupación mientras se alejaba en la bicicleta diciendo mientras miraba a un costado, "Ah, ¡¿a quién le importa?!". Ni siquiera me importó que creyera que yo era un niño.

Ese día empecé a darme cuenta de algo que nunca había pensado. A pesar de todas las diferencias entre mi tía retrasada y yo, en un nivel profundo ella y yo teníamos cosas en común. Ella no encajaba. No era linda. A los chicos no les gustaba. Pasaba mucho tiempo sola en su habitación. Fantaseaba con que un chico la amara. Anhelaba que la amaran, la aceptaran y ser digna. También deseaba ser normal como todo el resto. Pero no lo era. Y no había nada que pudiera hacer al respecto. Lo peor era que otras personas encontraban maneras de asegurarse de que su sensación de no encajar fuera algo que no pudiera olvidar jamás.

No hables de cosas malas

El hermano mellizo de mi madre se llamaba John. Heredó el nombre de su padre, John Healey. Era mi padrino. Nunca me cayó muy bien y sé que yo tampoco le agradaba. Cuando venía a casa de visita, solía ponernos apodos a mi hermano, a mi hermana y a mí. Nos llamaba sabelotodos, listillos, dolores de cabeza y demás. Nos tenía poca paciencia porque desviábamos la atención que mi madre le prestaba, sentado a la mesa de nuestra cocina, lamentándose por las desafortunadas circunstancias de su vida. El tío John siempre estaba en problemas, ya sea con mujeres, prestamistas o por algún efecto del alcoholismo.

En ciertas ocasiones dormía en el piso de nuestro salón. Sin hogar, ocupaba parte de nuestro espacio físico, miraba televisión todo el día, comía nuestra comida y se quejaba cuando mi hermano, mi hermana o yo queríamos ver una comedia o dibujos animados. Decía cosas como: "¿Por qué no me dejan de una maldita vez en paz? Quiero mirar televisión. Salgan, vayan a jugar en la calle, malditos dolores de cabeza. Su madre debería darles una paliza. No tienen respeto por sus mayores".

Hay una ocasión que nunca olvidaré. Me quedó pegada como goma de mascar a una suela un día de calor. Él estaba durmiendo en el piso de nuestro salón. No tenía dinero para el alquiler, pero de alguna manera pudo comprar un galón de helado. Nunca había muchos refrigerios en casa, así que abrir el congelador y encontrar helado fue una sorpresa más que encantadora. Recuerdo sacar algo de helado con una cuchara y ponerlo en un tazón para comerlo mientras miraba televisión. Cuando iba a sentarme frente al televisor, mi tío me miró y me dijo: "¿Quién dijo que podías comer helado? Yo compré ese maldito helado. Ese helado es para mí, no para ustedes". Se me revolvió el estómago y la ira me invadió como lava de un volcán recién activado. Quería escupirle el helado a su patético rostro. Pero no lo hice. Me lo tragué.

Mis padres siempre estaban tratando de resolverle sus problemas. Ha estado casado en total cinco veces y tuvo un hijo con una mujer con la cual no se casó. Tengo dos primos hermanos a quienes no conozco. Durante muchos años me pregunté qué sería de mi primito Jason y de mi tía Catherine. Me pregunté cómo estaría yéndoles y por qué los habíamos visto apenas unas pocas veces. Y Alexandra, la linda joven que empezó a traer a casa cuando yo tenía alrededor de dieciocho años, y su bebé Audrey, también terminaron por convertirse en fantasmas.

Recuerdo que una noche fría mi madre estaba muy nerviosa. Recibió una llamada telefónica de un hombre que no le dijo cómo se llamaba. Le indicó que fuera a buscar a su hermano a la acera de la vuelta de la esquina. Mi padre fue corriendo al lugar adonde le habían dicho que fueran a buscar a mi tío. Lo habían golpeado tanto que su rostro era irreconocible. Lo llevaron al hospital, donde terminó por recuperarse. Sin embargo, yo iba sintiéndome cada vez más harta del caos que siempre generaba en nuestra casa. Iba sintiéndome incluso más desconcertada ante la sensación de que necesitaba retraerme cada vez más por los problemas en los que forzaba a mis padres a enfocarse.

Una vez, mientras caminaba a la escuela, se detuvo a mi lado un automóvil con dos hombres corpulentos. El acompañante bajó la ventanilla y me clavó la mirada un momento. Eso me hizo sentir incómoda. Tras devolverles una mirada iracunda, traté de no mostrarme tan asustada como estaba. "Oye, niña, ¿John Healey no es tu tío?", me preguntó el acompañante, mientras el automóvil avanzaba a la velocidad a la que yo caminaba. Fingí no oírlo y seguí mirando adelante mientras aceleraba el paso, apresurándome con la expectativa de llegar al cruce de la esquina. Mi corazón latía con rapidez. Entendí de inmediato que eran hombres malos y ahora esos hombres malos sabían quién era yo gracias a mi padrino. Quería gritar. Quería explotar, pero sabía que nadie podía oírme.

Nunca les conté a mi madre ni a mi padre sobre los hombres malos que me siguieron ese día. No pensé que fueran a creerme de todas maneras, y no quería que mi tío John me llamara mentirosa. No me gustaba cómo mi madre lo dejaba maltratarme. Mi madre solía llamar conflicto de personalidad a la falta de vínculo entre nosotros. De niña nunca entendí del todo qué quería decir eso. Pero en lo profundo, creía que mi mamá y su hermano sentían lo mismo hacia mí.

"Papi, ¿puedo confiarte mi secreto?"

Cuando era niña me gustaba dibujar. Y a mi padre también. Cuando Mamá no estaba, mi papá se tomaba tiempo para dibujar conmigo. Cuando ella iba a comprar comida o a una tienda por departamentos a comprar cortinas o cubrecamas, Papá me sentaba en su rodilla y dibujaba conmigo. Colocaba su mano derecha sobre la mía y me ayudaba a hacer dibujos, como graneros, automóviles o personajes de dibujos animados. Me explicaba cómo mezclar colores para hacer nuevos, y cómo agregar sombras en los lugares correctos. Siempre me sentí segura sobre sus piernas, no observada ni juzgada.

Tenía más o menos siete años. Resguardada sobre su rodilla, con sus brazos fuertes y desnudos que mecían mi pequeño cuerpo, de alguna manera encontré el coraje para abrir mi corazón. Mientras el temor golpeaba las paredes internas de mis venas y arterias, le dije, "Papi, creo que Mami no me quiere". Me preguntaba qué respondería. Fantaseé con que me mirara directo a los ojos y me preguntara por qué pensaba eso. Me imaginé contarle cómo me hablaba Mami cuando no había nadie cerca. Me vi diciéndole que era brusca cuando me peinaba el cabello y que me decía mucho que era una "niña mala". Imaginé que mi padre me abrazaría y me contendría en sus brazos. Rogué por que sentara a mi madre y le dijera que sabía cómo me trataba mientras él estaba trabajando. En mi habitación, mientras soñaba despierta, era así como seguía la historia.

Mientras mi corazoncito latía fuerte y mis piernitas se retorcían, traté de no dejar que las lágrimas que se estaban abriendo camino a los bordes de mis ojos cayeran y mojaran el papel en el que estábamos dibujando mi padre y yo. "Lisa, Lisa, Lisa... jamás, jamás, jamás vuelvas a decir eso. Tu mami te quiere. ¿Ves cuán limpia está esta casa? ¿Ves cómo Mami cocina para todos nosotros? ¡Por supuesto que te quiere!

Nunca más vuelvas a decir eso. Vas a hacer que Mami se enoje mucho si lo haces", dijo con suavidad en tono de decepción, mientras daba dulces golpecitos a mi flaco antebrazo izquierdo.

En un segundo mis esperanzas de que me escucharan se esfumaron. Todavía puedo recordar cómo se sintió la rigidez de mi cuerpo cuando mi mente comenzó a entender que mi padre no iba a escuchar lo que yo tenía para decir. Mi mente se precipitó a un vacío y muchos pensamientos y sentimientos emergieron y murieron, emergieron y murieron. Me preocupó haber decepcionado a mi padre por decirle mi verdad. Me preocupó que ahora se lo dijera a mi madre, y sus palabras y emociones fueran incluso más ásperas cuando él no estuviera en casa. También me preocupó no saber qué debía hacer con esos sentimientos míos para con mi madre. ¿Y ahora qué se suponía que debía hacer? No creía que Mami me quisiera. No podía preguntarle por qué. Si se lo preguntaba, me diría que estaba loca o me pondría caras extrañas o me insultaría. Mis sentimientos no importaban. Además, se suponía que debía ser agradecida.

No podía describir qué estaba sintiendo. Lo único que sabía mi pequeña mente era cuán confundida me sentía. Cuando estaba en presencia de mi madre, lo único que podía sentir era un escalofrío, como si el solo verme la irritara. Nunca me abrazaba. No puedo recordar una sola vez en la que fuera maternal o se abriera por completo para que yo pudiera expresarle mis sentimientos. De niña sentía que mis hermanos menores, mis tíos, mi padre, sus teléfonos de trabajo, sus cigarrillos, sus tareas y sus sentimientos eran más importantes que yo. Sentía que para ella era invisible, y en las extrañas ocasiones en las que sentía que me veía, podía ver solo mis defectos. Eso siempre me hizo sentir que yo no valía lo suficiente.

En la escuela me iba bien. Me esforzaba por tener buenas notas y así complacerla. Mi hermano lejos estaba de ser el mejor alumno y sabía que sus malas notas hacían que mis padres se molestaran con él. Para hacerlos sentirse mejor y para sentir que yo valía la pena, me esforzaba por tener un buen desempeño académico, con la esperanza de resolver esa sensación que generaba tanto malestar en mi casa y dentro de mí misma. Me sentía perpleja cuando llevaba a casa una A. Las reacciones de mi madre nunca eran las mismas. Frente a mi padre, me elogiaba, pero en ocasiones, si le mostraba una buena nota cuando mi padre no estaba, me acusaba de presumir. Nunca supe qué esperar de ella, pero sabía que ella quería hacerle creer a mi padre que no había ningún problema entre nosotras. No podía describir esos sentimientos que siempre parecía tener ocultos en mí.

Por la noche, antes de cenar, mis padres solían conversar sobre sus jornadas. En varias ocasiones escuché a mi madre decirle a mi padre que creía que tal vez yo tuviera algún problema. Mi madre era una mujer tensa y limpiaba de una manera que la mayoría consideraría neurótica. Yo era pequeña, tendría quizá diez años, y ella me pedía que limpiara, que pasara la aspiradora. Hacía lo que podía, pero nunca era suficiente. Era inevitable que se frustrara con mi intento de limpiar y empezara a atacarme iracunda y a hacerme sentir mal por siquiera tratar. Su incapacidad para controlar su frustración terminaba en un griterío del cual yo era el blanco. Me atacaba a mí y poco tiempo después comenzaba con sus diatribas sobre cuán perezosa era yo, o cuán egoísta era yo. Me sentía mortificada y avasallada y como si me hubiera serruchado la cabeza y vertido en mi ser toda la inmundicia que había estado acumulándose dentro de ella.

Al final de días así, yo terminaba sola en mi habitación, escondida de la ira de mi madre. Mis hermanos tenían muchos amigos, por lo que en esos momentos explosivos solían escaparse. Era yo quien quedaba atrás, quebrada, temerosa de hacer amigos, convencida en lo profundo de que yo no valía la pena —sin lugar a dudas, no lo suficiente—. No solo era fea, sino que muy dentro de mí tenía un defecto tan horrendo que ni siquiera mi propia madre podía aceptarme. Ese era el mensaje que mi voz interior me susurraba con frecuencia.

Era poco común que mi padre respondiera a la negatividad a la que recurría mi madre para describirme. Ni siquiera recuerdo alguna vez en la que él haya hablado mal de mí. Me preguntaba si en todas esas ocasiones en las cuales mi madre intentaba hacer que mi padre me viera desde una perspectiva negativa, él recordaba lo que le había dicho sentada sobre su rodilla cuando tenía siete años. Esperaba que sí, aunque una parte de mí estaba enojada con el hombre al que tanto quería, porque él poco hacía por protegerme de la ira oculta de mi madre. Dentro de mí, si bien no podía expresar con palabras esos sentimientos, en un nivel consciente silencioso sentía que mi padre sabía que mi madre tenía sentimientos encontrados para conmigo. Sentía que, para no agitar las aguas, mi padre también quería que yo fingiera que ella no sentía eso. Mi padre prefería que yo no expresara cómo me sentía y, por el contrario, prefería que me guardara los sentimientos que, según él, podrían alterar la casa.

Una vez le escribí un poema a mi madre. Me sentía derrotada, cansada del rencor entre ambas. Deseaba que se terminara. Deseaba que supiera cuánto la quería y que a pesar de cuánto la hacía enojar y cuánto me frustraba yo con ella, veía cuánto se esforzaba, cuánto intentaba hacer feliz a mi padre y cuánto intentaba también llevar a su hermano por un buen camino. Veía cuán amable podía ser con mi tía Jane y con mis abuelos. Deseaba con desesperación sentir algo de la ternura que les ofrecía a otros. Deseaba sentir que me quería, como lo sentía su hermano, como lo sentía mi padre y como lo sentía mi tía Jane. Deseaba sentir que me quería como quería a Leslie. Siempre hablaba de cuán linda era Leslie. Yo deseaba eso. Deseaba que ese amor que, sabía, tenía dentro de ella me tomara y me abrigara como una manta tibia. Necesitaba pensar que valía la pena, que valía lo suficiente como para que mi madre me quisiera.

Me hizo falta coraje para escribir el poema. Incluso hizo falta más coraje para que lo dejara sobre su almohada donde sabía que lo encontraría. Esperé a que me lo mencionara, pero nunca lo hizo. El día siguió como cualquier otro. Mi madre evitó hacer contacto visual conmigo, como siempre. Me quedé en casa todo el día, con la esperanza de que se abriera a mí y buscara hablar de nuestros sentimientos, pero nunca sucedió. Al final, junté el coraje para preguntarle si había leído el poema que le había dejado. Recuerdo cuán rápido latía mi corazón cuando se lo pregunté. Se sentía como si hubiera caballos salvajes galopando sobre mi pecho. "Sí, pero lo tiré a la basura", me dijo. Mi corazón se quebró y mi mente quedó en blanco. Sentí un cortocircuito, como si los cables de mi cerebro se quemaran. Quería correr, pero ¿a dónde?

Me quedé parada, congelada, en las escaleras por un rato, sin saber qué hacer a continuación. Después de un momento la oí reírse. "Sí, leí tu poema, Lisa", me dijo, mientras me preguntaba por qué necesitaba jugar esos crueles juegos mentales y emocionales conmigo. Y esas fueron todas sus palabras. Nunca me pidió que profundizara en detalles ni me lo agradeció.

"Oh... bien", logré decir. "Solo quería asegurarme de que hayas visto el poema que escribí", le respondí, mientras con incomodidad daba la vuelta y volvía a mi habitación.

Mamá solía decir: "Hay un conflicto de personalidades entre Lisa y yo". Nunca entendí del todo a qué se refería, pero suponía que era su forma de justificar la falta de cualquier tipo de vínculo entre nosotras. No era que yo no lo quisiera o anhelara. Era que me sentía mal por necesitar o desear que mi madre me quisiera de una manera que me permitiera sentir que quien yo era importaba. Mi madre me rechazaba con su energía. Ella lo sabía y yo también, pero era nuestro oscuro secreto. Desde afuera, mi familia parecía perfecta y a mí me habían rotulado hasta ese momento como alguien demasiado imperfecto como para mencionar mis sentimientos ocultos a cualquier persona. ¿Quién me creería? ¿Qué diría yo?

Un verano, mi madre y mi padre acordaron enviarme a un campamento. No recuerdo si la idea fue mía o de ellos. Sin embargo, recuerdo sentir que quizá no fuera tan mala. La idea de estar rodeada de otros niños que no me conocieran era tan encantadora como aterrorizante. Donde estaba me sentía manchada y podía ver reflejada en mí esa mancha cuando veía a los ojos de las personas que me rodeaban.

El primer día del campamento de verano llegó un autobús escolar para llevarme al lugar. Recuerdo que cuando subí al autobús me sentí adormecida, como si el tiempo se hubiera detenido. Miré por la ventanilla todo el viaje al campamento y nunca le dije una sola palabra a ninguno de los otros niños que estaban en el autobús ese día. No tenía idea de cómo se desarrollaría el día. A nivel mental, yo existía en algún lugar al borde de un precipicio, medio con la esperanza de caer y medio con la esperanza de que alguien me tomara y rescatara… quien fuera.

Ingresé en el campamento más o menos un mes después de que hubiera empezado. Para cuando llegué, los niños ya se habían ajustado a una rutina y se habían hecho amigos. No podía evitar notar cuán bien parecían llevarse todos. Me recordaban a la mantequilla de maní y la jalea. Se juntaban en pequeños grupos y parecían estar muy cómodos en compañía de unos con otros. Sin embargo, me sentía como un enorme dedo gordo rojo, infectado, aterrorizada de chocarme con alguien, pero incluso más aterrada de que ignoraran mi infección.

No me resultaba fácil bajar la guardia. De hecho, nunca lo hice. Temerosa de todo, a los demás les parecía fría, distante, incluso quizá engreída. Estoy segura de que el resto de los niños me creían una verdadera imbécil. Me resultaba difícil responder cuando me hablaban y era para mí un sufrimiento imposible hablarle a cualquier persona.

Era todo actuación, por supuesto. Yo no era engreída en lo más mínimo. Por el contrario, estaba llena de inseguridades que me hacían sentir tan insignificante como una gota de agua en un océano. Pero ¿cómo habrían podido saber eso los otros niños? ¿Y cómo podría yo haber sabido que para lograr la aceptación que tanto anhelaba era necesario sacarme la máscara que llevaba? Lo único que veían era una niña con aspecto de marimacho y llena de soberbia. Y todo lo que yo veía era cuán poco encajaba. Nunca podrían haber sabido cuánto quería no sentir la necesidad de ser tan dura. Nunca podrían haber sabido cuánto anhelaba encajar. Ese primer día, en la mesa del comedor, una niñita regordeta con un corte afro me miró y me dijo: "¿Sabes qué? Si quieres tener amigos, debes intentar en serio ser simpática". Quedé pasmada y sentí que mi cuerpo se puso aún más rígido. Tenía razón. Pero ¿cómo habría podido ser simpática? Estaba enferma. Estaba llena de defectos. A nivel visceral había algo podrido dentro de mí. Tenía que proteger esa verdad. De lo contrario, yo no les agradaría. Pero así estábamos: no les agradaba de todas maneras.

Ese fue mi primer y último día de campamento. Nunca regresé. Pero mis padres no terminaron perdiendo el dinero que gastaron en que fuera al campamento: mi hermana fue en lugar de mí y la pasó de maravillas. Eso no hizo más que consolidar en mi madre y en mi padre la idea de que yo tenía algún problema. Supuse que quizá mi madre no estaba tan equivocada al no manifestarme la aprobación que tanto anhelaba. Solía decir que había un conflicto de personalidad entre nosotras. Yo no podía encajar, ni siquiera con niños que nunca antes me habían conocido. Tenía que ser yo. La enfermedad de la invisibilidad estaba comenzando a apoderarse de mí.

La semilla de la muerte

Mi padre era el que nos contaba anécdotas de cuando mi mamá y él eran niños. Era poco común que mi mamá me diera datos sobre su pasado. Si no estaba criticándome, nunca encontraba razón alguna para hablarme en absoluto. Si no hubiera sido por mi padre, no sabría nada sobre los horrores de su propia infancia. Mi padre tenía una necesidad natural de sentir que sus hijos entendían en alguna medida por qué él y mi madre eran como eran. Sus anécdotas encajaban. Tenían sentido, pero con frecuencia me hacían sentir culpable y avergonzada.

Por desgracia, mi madre se crio en la suciedad y la miseria. Mi padre decía que nunca había visto una cucaracha o un ratón hasta que la visitó en Corona Queens cuando eran novios. Contó que se asombraba por lo claramente descuidados que estaban los muebles y por los rasgones de las alfombras que cubrían las pequeñas habitaciones. Recordaba que el apartamento estaba impregnado de hedor a alcohol y nos recordaba que todos los miembros de la familia de mi madre eran alcohólicos, excepto ella. El apartamento en el que vivía mi madre estaba sobre un bar.

"Su madre solía tener que ir a sacar a su propia madre de uno de los taburetes del bar de abajo, porque estaba demasiado borracha como para volver caminando sola al apartamento. Su madre la limpiaba y la acostaba. Era apenas una niñita. Su mami es una mujer buena, así que sean buenos con su madre", nos decía a mi hermano, mi hermana y a mí.

Mi padre se aseguraba de que supiéramos por qué mi madre tenía la compulsión de limpiar con tanta frecuencia. Nos decía que debíamos estar contentos y agradecidos de que Mami limpiara tanto. Decía que nos gritaba porque quería una casa limpia. Decía que nos quería y por esa razón limpiaba tan seguido. Nos decía que no la hiciéramos enojar.

Estaba haciendo todo lo que podía por querernos. Nos decía que no fuéramos egoístas y la dejáramos en paz.

Incluso cuando era muy pequeña, pude en alguna medida comprender por qué mi padre nos daba una imagen tan triste de la niñez de mi madre. Era inevitable que sintiera lástima por el hecho de que tuviera que soportar lo que tuvo que soportar de pequeña. Ojalá me hubiera pedido que le tomara la mano o que la abrazara, o me hubiera dejado hacer algo lindo por ella. Pero sabía que la cercanía no era para ella una prioridad tanto como lo era para mí. Mamá me hablaba solo cuando no tenía otra salida. Su alma era un misterio para mí.

Mi mamá hacía todo descalza, incluso limpiar los pisos con lejía y agua. Sus pies estaban secos y sus talones mostraban las marcas del trabajo duro. Cada cierto tiempo, una de nuestras vecinas de la manzana me pedía que cuidara a sus hijos mientras iba a jugar al bingo a nuestra iglesia. Era una mujer generosa y con frecuencia me pagaba de más si ganaba mucho en el bingo. Recuerdo ahorrar dinero para comprarle a mi madre un nuevo par de zapatillas. Recuerdo acallar mis dudas sobre el comprarle un presente. El resto de esperanza que quedaba en mí me decía que Mamá estaría agradecida y apreciaría que me preocupara por sus pies curtidos. Entonces sabría cuánto la quería y quizá, tal vez, me expresaría algo de cariño o mostraría aceptación en sus ojos. Quizá entonces sabría que yo no era del todo mala. Quizá entonces yo también lo sabría.

Recuerdo a mi madre observar la caja con mirada desconcertada en su rostro. No era la mirada que yo esperaba. Cuando abrió la caja, me miró con una expresión sarcástica y me dijo: "¿Qué crees? ¿Que puedes comprar mi cariño, Lisa?". Sin palabras, mi corazoncito se sintió aturdido, como si hubiera hecho algo mal o incluso malo. Me envolvieron la duda, la culpa e incluso la vergüenza. Eran sentimientos que conocía bien.

No importaba qué intentara hacer para conseguir la aceptación de mi madre: siempre fracasaba. Cuando era pequeña nada era para mí más importante que ganarme su amor. Sentirme invisible al ser que me creó se sentía antinatural, enfermo y fatal. Estar tan vacía de sensación de valía, y al mismo tiempo envuelta por el temor, me comía viva desde mis entrañas. Mi madre, la fuente de mi vida, no podía aceptarme y, peor aún, frente a otros fingía hacerlo. Mi conciencia del contraste de realidades me arrastraba en oleadas de confusión. Los estados de mi ser eran tan agitados, extraordinarios, subjetivos... la vida casi me consumía.

En mi pequeño corazoncito mantenía una firme esperanza en la idea de que un día Mamá y yo nos sintiéramos conectadas y yo por fin supiera cómo se sentía encajar. En uno de esos días poco comunes en los que la esperanza se apoderaba de mí, iba con mi Schwinn azul oscuro de diez velocidades a la tienda de tarjetas de la Calle Principal. Recuerdo mirar las tarjetas una por una. Buscaba la perfecta que pusiera en palabras lo que no tenía coraje para decirle a mi madre cara a cara.

Encontré una que decía todo lo que necesitaba decirle. Era una tarjeta llena de sentimientos sensibleros que quería expresarle a Mamá. Expresaba cuánto se quería y apreciaba al destinatario. Llegué hasta el mostrador para pagarla cuando un agudo pensamiento negativo me invadió. Llena de dudas, me di vuelta y caminé a la parte trasera de la tienda a colocar de nuevo la tarjeta en su lugar.

No salí de la tienda con las manos vacías. En lugar de eso, me compré una bolsa de papas fritas con ajo y cebolla, un Charleston Chew grande y una lata de Pepsi. Mientras pedaleaba por la Calle Principal hacia el parque, sostuve la bolsa marrón llena de comida basura bien pegada a mi lado. Recuerdo la lucha cuerpo a cuerpo desatada dentro de mi cabeza camino al parque. Escuché la voz de la duda decirle a mi gota de esperanza que yo era mala. No era una niña buena. Solo las niñas buenas les dan a sus madres tarjetas así, pensé. Me resultaba imposible ser capaz de tener bondad. Mi mente se retorció hasta que por fin admitió la derrota.

Me encontré no queriendo recordar ese día. Puedo ver con

claridad, como si fuera ayer, dónde estaba en el momento en el que cedí a la sensación de ser mala. Me sentí estúpida e incluso avergonzada de mí misma ante mí, por haber tenido, para empezar, una idea tan descabellada. El tornado de emociones se retorcía dentro de mí mientras repiqueteaban la tristeza, la vergüenza y la culpa.

Ya no estamos en Kansas

Lo llamaba tío Ronny, un hombre bajo, robusto, al que recuerdo de pie junto a la tía Evelyn. Siempre sonreía y bromeaba con mi tía Evelyn. Ella era una mujer hermosa, de cabello rubio y ojos verdes. Recuerdo pensar que tal vez sus dientes eran demasiado grandes para su sonrisa.

Eran buenos conmigo. Esperaba con ansias que vinieran a casa, si bien eso no pasaba con mucha frecuencia. Para mi cumpleaños me regalaron un brazalete dorado con mi nombre. Era una joya delicada y tenía un pequeño diamante después de mi nombre, escrito en cursiva. Todavía me acuerdo de desenvolver el regalo y pensar "¿en serio esto es para mí?".

Mi padre era bromista. Sin embargo, sus bromas solían ser a costa de otros. Pero como todos los que lo conocían entendían que no lo hacía con maldad, tomaban a bien sus juegos de palabras y toda sensación de agresión se desvanecía con rapidez entre las carcajadas. La relación con su hermana Evelyn era divertida. Ella parecía disfrutar la naturaleza buena de su hermano y su papel natural de animador de la familia. Su risa era efusiva, al igual que la del tío Ronny. Desde mi punto de vista, esa pareja sin hijos, de cuidada imagen, era un retrato de felicidad. Muchas veces me pregunté si alguna vez podría vestirme tan bien y ser tan feliz como la tía Evelyn.

Mi padre me había llevado a su apartamento solo unas pocas veces. Me impresionó. Estaba ordenado y tenía una decoración cálida, como si lo hubiera decorado un diseñador. Daba la sensación de que el dinero no era un problema. Disfrutaba la sensación que me generaba estar allí. Era como si se hubiera convertido en alguien de bien y no tuviera miedo de decorar su casa de la manera que le complacía. Mi tía trabajaba en Manhattan. Por aquella época, era algo importante. Usaba ropa hecha a medida y tacones altos. Las uñas de sus manos y sus pies siempre estaban muy cuidadas. Muchos de sus rasgos eran diferentes de los de mi madre. Estar con la tía Evelyn me ayudó a incorporar el concepto de posibilidad a mi proceso mental en constante formación.

Como me gustaba tanto ir allí, me entusiasmaba cuando mi padre nos decía a mi hermano Marc y a mí que entráramos en la camioneta Volkswagen azul. "Marc, Lisa... entren en la camioneta. Vamos a ver a la tía Evelyn", gritaba.

Papá parecía sentirse incómodo mientras conducía al apartamento de su hermana en Forest Hills. Yo permanecía en silencio, a la espera de que comenzara a hablar. Esa solía ser la dinámica cuando estaba con mis padres. Solo hablaba en respuesta a algo que ellos dijeran. Tenía tanto miedo de que mi criticaran, humillaran o avergonzaran por algo que pudiera decir de manera voluntaria que pasó a ser algo normal para mí no decir nada. Quería preguntarle por qué parecía tan nervioso, pero me habían programado para no molestarlo, en especial cuando estaba irritado.

"Maldición, maldición, maldición... ah, mierda. ¿Ahora qué? ¿Ahora qué?", comenzaba a gritar mi padre mientras golpeaba con el puño los costados del volante. "Escuchen, niños, vamos al apartamento de la tía Evelyn porque acaba de llamar el casero y dijo que se volvió loca. Está gritando y arrojando cosas por el apartamento. No deja entrar al casero y él no sabe qué está sucediendo. Los llevo a ustedes porque quizá si los ve se calma", dijo.

Nunca había visto tan irritado a mi padre antes. No así, al menos. Era un hombre más bien tenso con altibajos. Cuando estaba de buen humor, estaba de muy buen humor. Lo mismo sucedía con sus enojos. Esa angustia y tensión generalizadas me mostraron una nueva faceta de él. Se notaba que tenía preocupación intelectual. Lo que fuera que estuviera sucediendo con su hermana lo preocupaba mucho y por eso se me retorcía la panza.

Cuando mi tía abrió la puerta, llevaba puesta una bata. No estaba maquillada. Llevaba rulos rosados mullidos que colgaban de varios cabellos de su cabeza. Nos invitó a pasar. Tenía un aura caótica. Hablaba rápido. Sus movimientos corporales eran constantes. No conocía a esa mujer.

Mi padre tomó el control con aplomo. Con calma en su voz dijo: "Evelyn, ¿cómo te va? ¿Está todo bien? ¿Qué le pasó a tu brazo, Evelyn?". El interior de uno de sus antebrazos estaba muy rojo y con ampollas.

"Ross, salieron del televisor. Starsky y Hutch salieron del televisor, me agarraron, me arrastraron hasta la cocina, encendieron los quemadores y sostuvieron mi brazo sobre la llama", dijo.

Me sentía confundida e iba poniéndome cada vez más inquieta a medida que pasaba el tiempo. Sin inventar excusas, entré en el baño de mi tía. Estaba junto a la cocina. Cerré con lentitud la puerta detrás de mí y de inmediato sentí culpa por haber dejado a Marc ahí afuera, con ellos. Imaginé entreabrir la puerta y hacerle señas de que entrara a ocultarse conmigo, pero tenía miedo de molestar más a mi padre o a mi tía. Me dejé caer sobre el piso de baldosas, mientras mi espalda se deslizaba contra la pared a medida que bajaba, y me quedé sentada allí hasta que mi padre me llamó para que saliera.

Camino a casa, seguía esperando a que mi padre me preguntara por qué había estado tanto tiempo en el baño. Nunca lo hizo. Lo que estaba sucediéndole a mi tía lo distraía demasiado. Nos dijo a Marc y a mí que la tía Evelyn estaba muy enferma. "Creo que la tía Evelyn tiene esquizofrenia paranoide", nos dijo. No tenía ni idea de a qué se refería, pero sabía qué significaba la palabra paraonide y había oído antes a mis compañeros de clase usar la palabra esquizo. Sabía que fuera lo que fuera la esquizofrenia paranoide, no era algo bueno.

Mi padre, acongojado, fue quien llevó a mi tía al hospital psiquiátrico. Él tenía razón. Ella padecía esquizofrenia paranoide. Recuerdo escuchar a escondidas las conversaciones de mis padres en la mesa de la cocina sobre la tía Evelyn. Por eso me enteré de la terrible verdad. Resultaba ser que el hombre al cual llamaba tío Ronny no era tío mío después de todo. En realidad, él y mi tía nunca se habían casado. Ronny llevaba una doble vida. Cuando no estaba con mi tía, estaba con su esposa y sus tres hijos. Descubrir la verdad destruyó la psiquis de mi tía. No pudo procesar la realidad y el posterior aluvión de emociones que le siguió. Los médicos le explicaron a mi padre que su mente simplemente colapsó y ahora no podía confiar en nadie, ni siquiera en los personajes de la televisión.

Ronny era un conductor de autobús que trabajaba para la Ciudad de Nueva York. Cuando no podía volver al apartamento que compartían, le decía a mi tía que hacía horas extras o lo cambiaban de turno. Ella le creía. No tenía razones para no creerle. Ronny le daba a su esposa las mismas excusas que le daba a mi tía. Ella también creía que era adicto al trabajo. Todos lo creíamos.

Extrañaba a mi tía Evelyn, la que siempre olía tan bien y usaba ropa tan a la moda. Extrañaba soñar despierta sobre ser igualita a ella cuando fuera grande. Extrañaba verlos a ella y al tío Ronny juntos. Era divertido pasar tiempo con ellos. ¡Parecían tan felices! Y extrañaba también al tío Ronny… ¿o debería decir a Ronny?

Prohibido desear

Mi padre era un hombre muy trabajador y mi madre era una mujer muy trabajadora. Lo único que hacían mis padres era trabajar. Estaban eternamente ocupados con esto o aquello. Siempre había algo que debía hacerse. El propósito del tiempo era llenarlo. El aire que todos respirábamos era la preocupación. Mis padres nunca habrían podido saber que, en todo su alboroto, en toda su búsqueda de distracción, en esencia estaban condicionando a sus hijos a estar cómodos con la angustia.

El dinero era un tema candente en casa. Mi padre controlaba mucho su bolsillo e incluso más el de mi madre. Mi hermano, mi hermana y yo sabíamos que no debíamos pedir dinero. En realidad, sabíamos que no debíamos pedir nada. Estaba mal visto pedir. Nos incitaban a no pedir y nos sermoneaban si lo hacíamos. Me confundían, porque cada tanto escuchaba a mi padre hablar sobre hacer una apuesta en OTB, el local de apuestas fuera del hipódromo que no estaba muy lejos de casa. Nunca iba solo. Por lo general, el tío John iba de acompañante en el auto.

A Mamá no le gustaba apostar. A menudo, con agresión pasiva, metía un comentario negativo en una conversación que estaba teniendo con mi tío John y Papá. Era inteligente. Sabía justo qué decir y hasta dónde llegar antes de que Papá explotara. "Es interesante, Ross… ¿no era que estábamos apretados de dinero? ¿Estás seguro de que quieres ir a OTB con mi hermano?", es una de las frases que usaba. A mi padre no le gustaba que lo cuestionaran. Sus respuestas variaban según el grado de sarcasmo de mi madre. Si le daba a un punto débil en particular, mi padre se ponía rígido. Su espalda se enderezaba como si alineara su columna casi como para defenderse y lanzaba una mirada intimidatoria a mi madre.

"¿Sabes?... odio que hagas esas cosas, Gloria", decía.

Mis padres nunca discutían. En lugar de eso, se manipulaban entre sí. Parecía que cada uno de ellos estuviera en una batalla constante por conservar el control. Cuando mi madre estaba enojada con mi padre, llegaba a hacer comentarios sarcásticos y después se contenía. Y cuando mi padre estaba enojado con mi madre, la señalaba con el dedo y decía algo así como "bueno... suficiente, Gloria" con una voz expresiva, y después ocultaban todo bajo la alfombra. El día o la noche continuaban como si nada sucediera. Pero sí sucedía algo. Solo que ahora había quedado en el aire.

Mi madre era la secretaria de mi padre. Atendía sus llamadas de negocios y registraba sus citas. Era un emprendedor, y era muy bueno. Mi madre no recibía sueldo por el trabajo que hacía para mi padre. Dudo que alguna vez siquiera lo hayan considerado. Decir lo que pensaba no era algo que mi mamá tuviera presente. Tan solo hacía lo que había que hacer. Mi madre tenía una asombrosa capacidad para percibir las necesidades de mi padre. Priorizaba siempre las necesidades de él por sobre las suyas propias.

Mi madre era frugal. Tenía que serlo. No tenía otra opción. De alguna manera, se las ingeniaba para hacer maravillas a la hora de hacer durar el dinero que mi padre le daba para comprar comida todas las semanas. Mamá cocinaba todas las noches y no solo perros calientes y frijoles. Cuando pienso en ello, me doy cuenta de que me siento orgullosa de su capacidad en muchos aspectos. Sin amor maternal en absoluto ni protección paternal, mi mamá de alguna manera hizo posible manejar la personalidad controladora de mi padre, administrar una casa al detalle y hacer comidas balanceadas todas las noches. Yo no era una niña que ignorara lo bueno que tenía la mujer que no podía encontrar nada bueno en mí, su hija.

Mamá no tenía las cosas que merecía. No tenía ropa linda ni zapatos lindos. No tenía joyas caras y ni siquiera soñaba con pagarle a alguien para que le esmaltara las uñas. Siempre sentí que dentro de ella también había una niñita que intentaba ser lo suficientemente buena. Como si ella fuera vidrio, y mi corazón tuviera ojos, podía ver en su mirada y en cómo se desenvolvía en torno a mi padre que imploraba que la percibieran. En mi corazón creía que limpiaba, cocinaba y cuidaba el bolsillo en un intento por hacer que mi padre se enorgulleciera de ella por ser una niñita buena. Aprendí a ver desde la distancia cuán en sintonía estaba mi madre con las expresiones tanto de satisfacción como de insatisfacción de mi padre. Era como si lo que interpretaba de él la hiciera actuar minuto a minuto. Mi cuerpo, mi mente y mi corazón sufrían por ella, dado que dentro de mí resonaba a todo volumen la réplica de las vibraciones que rebosaban de ella por mi padre, que rebosaban de mí por ella.

No puedo decir que mis padres fueran egoístas con el dinero. Ninguno de los dos lo gastaba en sí mismos por "cosas" que no se consideraran una necesidad. La ropa y los zapatos se consideraban esenciales y no decorativos. Todos, incluso mis padres, nos contentábamos con lo básico. El leitmotiv de casa era claro: no desees, nunca, y si deseas, nunca lo admitas. Finge estar agradecido por lo que tienes, incluso si odias lo que te dieron.

Veo ahora cuán plagadas de miedo estuvieron las vidas completas de ambos. Mi padre, acosado por la mofa del fracaso, se aferraba a su dinero en un intento por acallar los demonios de la insuficiencia a los que les gustaba gritar. Consideraba el dinero una "cosa" que le hacía creer en su valía. Si bien siempre ha afirmado que el suicidio de su madre no lo afectó, la conciencia superior de mi corazón tiene otra versión de los hechos. Mi padre no es un hombre dadivoso. Es tan tacaño con sus emociones como lo es con su dinero. Y bajo las circunstancias que afectaron los primeros años de su vida, no me cuesta entender por qué es así. Siempre me pregunté si el temor de no tener dinero estaba vinculado de alguna manera con su temor a que lo dejaran solo, como lo estuvo cuando su madre metió la cabeza en el horno cuando él tenía cuatro años.

Como autora debo contar toda la historia en la medida en la que mi capacidad natural me lo permita. Así que, si bien todo lo revelado es cierto, también es verdad que había momentos, si bien contados, en los cuales mis padres encontraban de alguna manera el dinero necesario para hacer algo que muchas otras personas bien podrían haber considerado innecesario. A mi hermano, a mi hermana y a mí nos hicieron tratamiento de ortodoncia desde muy pequeños. Mi padre pagaba su propio seguro médico, pero su póliza no cubría la odontología. Eso quería decir que mi padre debía pagar de su bolsillo los frenos, los retenedores y las miles de visitas al consultorio de dentistas y las toneladas de ortodoncia.

Sabía que mi boca era importante para mis padres. Por desgracia, cuando una es joven y sufre los dolores de la invisibilidad emocional, es imposible vincular el excelente cuidado dental con el amor de los padres. No obstante, como observadora más grande y más sabia de mi pasado, puedo unir esa brecha y encontrar en ella una sensación de valía a la que no tenía acceso cuando era niña. Mi boca era tan importante para mis padres que, cuando tuve dieciséis años, pagaron para que me hicieran cirugía correctiva de mandíbula.

Puedo recordar a mi madre contarle a una de sus amigas que ella había sido quien le había insistido a mi papá para que nos hicieran cirugía tanto a mi hermano como a mí. Decía que de ninguna manera tendrían sus hijos mandíbulas desalineadas o dientes torcidos. De niña, me preguntaba si mi mandíbula torcida era la razón por la cual Mamá y yo no nos llevábamos bien. Me preguntaba si le molestaba haber tenido que gastar dinero en llevarme a la ciudad y traerme, en los frenos o en los retenedores. Me preguntaba si nos llevaríamos mejor cuando tuviera dientes derechos. Me resultaba imposible entonces entender que quizá esa fuera la forma de mi madre de mostrarme que me quería.

Sonríe para la cámara

Era una cálida tarde de agosto. Marc y Leslie estaban ocupados con otros amigos. El teléfono sonó. Yo estaba escuchando música en mi habitación cuando llamó Theresa. R.J. y Barbara querían que fuera con ellos a nadar en su piscina. Theresa llamó para invitarme a ir. Con entusiasmo salté de la cama, tomé una toalla de nuestro baño y corrí por la calle, ansiosa por ser la tercera en discordia en lugar de la quinta de siempre.

Siempre me sentía más libre cuando no estaba con mi familia cerca. Me sentía en especial despreocupada en la casa de Theresa. Su casa no era inmaculada como la nuestra. Parecía que Joe, el marido de Theresa, siempre estuviera empezando y nunca terminando un nuevo proyecto en la casa. Todavía puedo recordar el pladur sin pintura colgado en su sala de estar. La cocina de Theresa siempre era un desorden. Las ollas y las sartenes llenaban el recinto y se amontonaban sobre la cocina. Pudo haber tenido cosas amontonadas, pero el aire no estaba cargado y nunca había problemas ocultos bajo la alfombra.

Barbara, R.J. y yo entrábamos y salíamos de la piscina, estábamos divirtiéndonos. Nos zambullíamos a buscar monedas y hacíamos carreras de relevos. Recuerdo haber deseado más de los momentos sin angustia que tenía cuando estaba con R.J. y Barbara. Recuerdo desear que Marc no fuera tan malo conmigo cuando estábamos todos juntos. Y recuerdo desear ser de la edad de Barbara y que Leslie fuera la hermana mayor en lugar de mí. Si hubiera sido la hija menor, Barbara habría sido mi amiga, mi amiga verdadera.

No mucho después de que llegué a su casa, Theresa me gritó a través del mosquitero de su cocina. "Lisa, tu mamá acaba de llamar. Su amiga Lucey Ann acaba de pasar por tu casa y todos sus hijos están en tu piscina. Tu mamá quiere que vayas a jugar con ellos ahora". No era del tipo de niña que supiera fingir. Si no estaba contenta, me resultaba imposible actuar como si lo estuviera. Cuando no estaba contenta, lo cual sucedía la mayoría del tiempo, era obvio. Con el pedido de Theresa, explotó en mí la ira y también un terrible resentimiento. De inmediato entendí de qué se trataba y no iba a fingir que no fuera así.

Le pregunté a Theresa si podía volver después de ir a ver qué quería mi madre y dijo que sí, pero que mi madre tendría que estar de acuerdo. A regañadientes salí de la piscina, tomé mi toalla y crucé corriendo la calle, saltando todo el camino, haciendo lo posible para evitar que la piel de las plantas de mis pies tocara más de lo necesario las abrasadoras aceras.

Entré en casa por la puerta delantera a propósito. Supuse que mi madre estaría en el patio trasero con Lucey Ann y sus hijos. Mientras caminaba por nuestro diminuto pasillo y entraba en la cocina, podía oír el sonido que los niños hacían al jugar. Lucey Ann tenía seis hijos de diferentes edades. "¿Qué quieres, Mamá?", le pregunté a través del mosquitero de nuestra puerta trasera. Con una sonrisa enorme que no me resultaba familiar, mi madre, en un tono amable igual de desconocido, me dijo: "Ah, ahí está. Lisa, saluda a todos. Lucey Ann trajo a sus hijos para nadar".

Sin decirnos una palabra la una a la otra, mi madre y yo sabíamos que íbamos directo a una confrontación. Sabía por qué me quería en casa ahora. Sabía que había interrumpido una de las pocas ocasiones en que pasaba tiempo sola con R.J. y Barbara solo para que, gracias a mí, ella le causara una buena impresión a su amiga Lucey Ann. Mi madre esperaba que entretuviera a los hijos de Lucey Ann por ella. "Hola", dije y después me aparté del mosquitero mientras regresaba por el diminuto pasillo y salía por la puerta delantera.

No había terminado de bajar la escalera de entrada cuando sentí que alguien detrás de mí tiraba del cabello mojado de mi cabeza. Entonces, en cuestión de segundos, me estaba golpeando con la parte trasera de un cepillo de Avon rosado. Mi madre cruzó uno de mis brazos sobre mi cabeza y me sostuvo cerca de ella mientras me pegaba con la otra mano, que sostenía el cepillo de Avon. Yo estaba aturdida, adolorida, avergonzada y cada golpe iba haciendo que me enojara más con mi madre. Yo no era una marioneta, pensaba, a pesar de mi aspecto titiritesco cuando mis pies se movían al ritmo del dolor que atravesaba mi espalda húmeda desnuda. La había hecho enojar tanto como ella a mí, pero con su violencia dejó en claro quién iba a ser la ganadora de la confrontación.

Rehusé llorar. Rehusé dejarla verme llorar, y mientras seguía golpeándome en nuestra escalinata delantera y repetía una y otra vez las palabras "¡¿cómo te atreves a hacerme pasar vergüenza?!", sílaba por sílaba, golpeándome el cuerpo como si fuera un tambor, me fundí con el dolor en lugar de escapar a él. Al menos el dolor era real.

Sin lugar para ocultarme

Recuerdo los oídos de mi alma reanimarse con el sonido de la risa de mi madre. Sonaba como si alguien estuviera haciéndole cosquillas en las costillas desde dentro de su cuerpo. De inmediato preví la idea de que quizá, en su momento de locura, pudiera sentirse menos reacia a mí. Con la esperanza de que me absorbiera con sus alegres vibraciones, coloqué mi mochila escolar en el respaldo de una silla de la cocina y comencé a subir con lentitud las escaleras que llevaban a los dormitorios de nuestra casa.

Mamá no sabía que había vuelto a casa o que estaba subiendo las escaleras. Me daba cuenta por la continuidad de su risa. Mientras me acercaba a la parte superior de las escaleras, pude oír la voz de mi hermano Marc. Se había quedado en casa ese día. Había dicho que estaba enfermo. Con cada paso, las palabras de Marc iban siendo más claras. Más o menos en el tercer escalón antes de llegar, se me heló el corazón. Aturdida por un momento, escuché con atención las palabras que se caían de sus labios. Las palabras que flotaban en el aire me eran conocidas. Eran mis palabras.

Había estado escribiendo un diario desde que tenía siete años. En ese momento tenía alrededor de once. La tinta me ayudaba a sacar de mí todos los pensamientos y los sentimientos que de lo contrario me habrían devorado. El papel nunca se mofaba de mí ni ignoraba lo que tenía para decir. La escritura calmaba las bestias de mi interior y me ayudaba a no sentirme tan sola. Llevar un diario, algo que me salvaba, era la actividad que, según creía, mi madre no podría juzgar ni rechazar. Lo único que tenía en una casa que me hacía sentir más como una bacteria sobre una placa de Petri que como una niña inocente eran mis pensamientos.

Mi madre cuestionaba todo lo que yo hacía o no hacía. Por la mañana, antes de ir a la escuela, solía decirme cosas como "¿vas a ir a la escuela así?", para insinuar que no me veía bien o lo suficientemente bien. La norma era que mi madre me aporreara con preguntas. No eran preguntas llenas de inquietud maternal. Eran de naturaleza indagadora, lo cual tenía el poder de hacerme sentir que me estaban interrogando sobre un delito que se había cometido. "¿Por qué hiciste eso?", "¿Por qué fuiste allí?", "¿Por qué no hiciste eso?", "¿Por qué no fuiste allí?". Esos eran los tipos de preguntas que me hacía sobre las cosas más mundanas. Las preguntas me hacían sentir perdida dentro de mi propia cabeza. Eran exasperantes, absurdas y enloquecedoras.

Una vez, frente a mi hermano, mi hermana y mi padre, me preguntó: "Lisa, ¿estuviste cambiándote la ropa interior? No es agradable tener mal olor, ¿sabes? No encuentro tu ropa interior en la ropa sucia. Espero que no estés yendo a la escuela hecha una cerdita. No quieres que nadie hable de lo mal que hueles, ¿no?". Comentarios como ese eran la norma. Las emociones surgían trepidantes en mi cabeza mientras hacía cuanto podía por no doblegarme bajo la inmensidad de la lluvia de insinuaciones embarazosas. Mi madre encontraba la forma de desprenderme la piel y verter ácido sobre mi carne pelada. Pero como sus ataques no dejaban pruebas físicas, mi dolor se consideraba irreal y sin validez. Se me reducía a un oasis tóxico y se me dejaba sola para que me lamiera mis propias heridas.

Cuando me choqué con la realidad ese día en las escaleras y mi cerebro entendió que mi madre y mi hermano estaban riéndose de mis sentimientos secretos, me envolvió la ira. Me costó seguir respirando. Salté a lo más alto de las escaleras por sobre los últimos tres escalones, apurada por terminar con la violación que habían iniciado de mis pensamientos ocultos. Le arranqué a mi hermano el diario de las manos y comencé a gritar frente a ambos, casi paralizada no solo por su insensibilidad, sino por la realidad de que mi madre no iba a acogerme después de todo. Su alegría era el resultado de encontrar gracioso el que yo hubiera escrito en secreto. Lo que estaba haciéndole cosquillas desde el interior de su cuerpo y apuñalaba mi alma desde el interior del mío era el hecho de exponerme.

Mientras luchaba por mantenerme en pie, con las lágrimas empapando la blusa de mi uniforme, Marc y mi madre seguían riéndose. "Oh, basta, Lisa. ¿Por qué lloras? Leímos tu diario. ¿Cuál es el problema? Es mejor que te calmes. Pareces una loca en este momento. Espera a que tu padre llegue a casa y le diré cómo te enloqueciste solo porque leímos tu diario", fue la respuesta. Marc metió la cuchara y arrojó un par de cartuchos de dinamita propios a mis heridas ya encendidas. Como matones del patio de la escuela, ambos me dejaron sola en mi habitación para que lidiara con el caos que habían generado y se burlaban de mí mientras bajaban las escaleras, quejándose el uno con el otro por mi reacción "psicótica".

Mientras me tambaleaba al borde de mi adolescencia, mi tolerancia a la intolerancia de mi madre para conmigo comenzó a menguar. Yo, quien alguna vez fuera una pequeña niña inocente que anhelaba que me nutriera, poco a poco iba resintiéndome más ante su agresividad pasiva y su invalidación constante de mi ser emocional, psicológico e intelectual. Estaba cansada de ser siempre la que sufría los azotes e incluso me repugnaba su insensibilidad y su flagrante indiferencia a mi mente, mi cuerpo y mi alma. Sabía que, para ella, yo, quienquiera que fuera, no importaba. Era imposible que esta mujer a la cual llamaba "Madre" me "viera", dejara a un lado sus sentimientos para considerar los míos. Sus heridas eran demasiado profundas. Su mente estaba demasiado cerrada. Su corazón se había enfriado hacía mucho tiempo.

¿Cuán lejos puedo huir?

Ese día hice trizas mi diario. Fue mi manera de decir: "Oye, Mamá; oye, Marc: ¡váyanse a la mierda! Ahora nunca van a saber qué pienso. Ahora nunca podrán lastimarme. Porque ahora nunca más los dejaré hacerlo". Estaba tan enfadada que metí las páginas arrancadas en mi mochila en lugar de arrojarlas a nuestro cesto de basura. Tenía miedo de que buscara los trozos y volviera a unirlos con cinta. Sentía que mi madre estaba en todos lados.

Me dije que nunca más escribiría. Me dije que no había lugar seguro. De niña andaba con pies de plomo. No estoy segura de que Marc o Leslie hayan sentido lo mismo. Tengo recuerdos específicos de pensar cosas como: "Bueno, pasaron tres días y todavía no me han atacado. La casa no ha explotado desde hace un tiempo, así que es mejor que tenga cuidado porque sé que va a explotar pronto". Mis padres nunca lo supieron, pero sentía que vivir en esa casa era como intentar vivir una niñez en un campo minado. Mi madre no era consciente de lo infeliz que era y de que, en el aspecto psicológico, había proyectado en mí el maltrato de quienes la maltrataban, o quizá tan solo estaba representando conmigo la falta de conexión que sentía con su propia madre. Mi padre era tan solo adicto al trabajo y no sabía cómo tratar los conflictos. ¿A quién habría de recurrir entonces con la hemorragia de mi alma?

Durante un tiempo breve, después de que mi madre leyera mi diario, encontré refugio en el capullo de la ira. Volvía a casa de la escuela y me ocultaba en mi habitación. Hacía mis deberes lejos de mis hermanos, pero sobre todo lejos de mi madre. Y cuando terminaba, me quedaba acostada en mi cama, con los ojos cerrados, y hablaba conmigo misma dentro de mi propia cabeza. Sin embargo, era difícil mantener controlada mi angustia. La incapacidad de "sacar" lo que sentía dentro de mí estaba afectándome en el aspecto psicológico. Echaba de menos escribir.

Evitaba a mi madre a toda costa. Rehusaba mirarla o responder a sus preguntas con más de una palabra. Ella me había quitado toda sensación de poder o control sobre mi vida y disfrutaba los resultados de su tortura. Sin embargo, mi alejamiento de ella no hizo más que consolidar la caracterización que hacía de mí.

Me repugnaba tanto ver a mi hermano y a mi madre que ni siquiera quería cenar en la mesa con ellos por la noche. Sabía que ese sería un punto de fricción con mi padre, porque vernos a todos juntos sentados a la mesa de alguna manera lo hacía sentir que todos estábamos unidos en casa. La noche en la que mi madre leyó mi diario, la descripción que le hizo a mi papá de mi reacción fue horrible. Esa noche se me permitió no estar durante la cena, pero el día siguiente sería otra historia.

Malhumorada, y todavía con el dolor de la violación emocional, recuerdo negarme a bajar para cenar esa segunda noche. Recuerdo oír cómo mi padre cerraba la puerta de su camioneta y mi madre me llamaba: "Lisa, baja. Tu padre llegó. Si no bajas ahora mismo vas a hacerlo enfadar". No le respondí.

Mis padres se besaron en los labios, como siempre, para saludarse cuando él entraba por la puerta trasera de nuestra cocina y oí a mi padre preguntar: "¿Dónde está Lisa?".

Con dulzura mi madre le respondió: "Está arriba, cariño".

"¿No la llamaste para que bajara?".

"Sí, pero no me respondió. No sé qué le pasa", le contestó a mi padre, una vez más mintiendo, negando, invalidando y, lo peor de todo, insinuando que el hecho de que no quisiera estar cerca de ella fuera en algún aspecto inapropiado. Enseguida oí a mi padre gritar a viva voz, con tono autoritario: "Lisa, baja aquí ya mismo y ven a cenar con nosotros… ¡ahora mismo!".

Cuando tienes once años y los adultos de tu vida no ven lo que tú ves o, peor aún, se niegan a verlo, ¿cómo se supone que debes sentirte?

No había espacio para mí en la planta baja. Nuestra cocina estaba llena de elefantes rosas y yo estaba cansada de que me pasaran por encima. Me preguntaba qué diablos le ocurría a mi madre. ¿Y qué mierda estaba pensando mi padre? ¿Por qué no me dejaba en paz? ¿Por qué no podía ella decirle que no había problema si me dejaban quedarme en mi habitación unos días? ¿Por qué tenían que seguir arrancándome la piel?

"No quiero bajar a comer. No tengo hambre", desafié con coraje a mi padre irritado. "Baja aquí de una maldita vez, te dije". La voz de mi padre era lenta, firme y derramaba fuego. En mi estómago se formó un nudo gigante. Ahora quedaría expuesta ante mi familia. Todos me mirarían, los personajes de mi vida esperarían con paciencia a que cediera al peso de los desechos tóxicos que flotaban en el aire de nuestra cocina. Temerosa de dar vuelta por completo a mi familia, bajé la escalera y me aplasté bajo el enorme elefante rosa sentado en mi silla a la mesa.

Mamá entró corriendo a la cocina, en silencio y portándose bien, esforzándose por hacer un buen papel frente a mi papá. Verla evitar el contacto visual conmigo me hizo querer vomitar. Yo sabía qué estaba haciendo y ella sabía que yo sabía. La tensión de mi padre podía palparse. Sin embargo, yo entendía las reglas. Debía callarme lo que sentía mientras tragaba la cena por la que él tanto trabajaba y ella se sacrificaba. Debía sonreír a pesar de estar deshecha y reírme cuando Papi intentaba hacer un chiste gracioso. Debía decir "por favor" y "por favor, pásame el pan" y "gracias" también. Debía sentarme sobre ácido y fingir no sentir nada.

La dinámica cambiaba de marcha cuando Papi estaba en casa. Todos sabíamos que mi madre no quería molestarlo y todos sabíamos que esperaba que fingiéramos ser felices por él. Esa noche, el nudo de mi estómago era tan grande que me preguntaba si iba a salírseme por la boca. Me había arrinconado. Al igual que con Lucey Ann, Mamá esperaba que la hiciera quedar bien frente a Papá. Pero si rehusaba fingir y mostraba mis sentimientos, y quizá le decía a mi padre cuán enfadada estaba con su esposa, ella solo retrocedería, actuaría sorprendida y le señalaría a mi padre cuán loca estaba yo. Lo que perturbaba aún más mis emociones era que yo también sentía mi propia necesidad individual de hacer feliz a mi padre.

Todo era demasiado. La gota que rebalsó el vaso fue cuando Marc me pellizcó el muslo bajo la mesa porque mi pierna rozó la de él cuando me senté en mi silla. Por desgracia, Marc también disfrutaba de derramar ácido sobre mis heridas. Hice lo que pude por masticar mi filete sin dejar que cayeran lágrimas de mis ojos. Intenté tragarlo, pero era imposible. El nudo de mi garganta competía con la comida de mi boca por llegar primero a mi esófago. A los músculos de mi boca les costaba seguir masticando mientras las emociones que habían comenzado a filtrarse por mis células invadían mi rostro. Recuerdo las enormes cantidades de saliva que produje en mi boca. Quería tragar, pero no podía.

Cuando se agrietó la puerta de la bóveda donde la caja fuerte de mi cuerpo contenía mi dolor, no me resultó posible contener el torrente que venía detrás. Mi cuerpo comenzó a estremecerse mientras hacía todo lo posible por quedarme quieta en mi asiento y no mostrarle a mi padre que estaba enfadada. Mis manos comenzaron a temblar, así que dejé mi tenedor y me senté sobre ellas para que nadie pudiera verlas sacudirse. Recuerdo estirar las cuencas de mis ojos para hacerles lugar a las lágrimas que estaban llegando, con la esperanza de que no cayeran sobre la mesa.

"¡Maldita sea toda la mierda de esta puta casa!", se enfureció mi padre mientras golpeaba la mesa de la cocina con su puño cerrado. "¿Por qué demonios estás llorando, eh? ¿Qué? ¿Tu vida en esta casa es tan mala, eh, Lisa? Tu madre cocina y limpia todo el condenado día; yo trabajo como un maldito animal para que ustedes puedan ir a una buena escuela, ¿y tú estás llorando?", me gritó. Mi cabeza estaba gacha, sobre mi falda. Todos nos quedamos congelados. Siempre nos quedábamos así cuando él se ponía así. Nadie se movía. Nadie decía una palabra.

"Vete de aquí. Ve a tu habitación a llorar. Nadie quiere verte llorar. Vete de aquí; ve a llorar a tu habitación si quieres llorar", dijo. Me alejé de la mesa y corrí a mi habitación como si tuviera alas. Me enterré bajo las mantas, tapé mi boca con una almohada y lancé gritos que no pude contener. Como caballos salvajes, las lágrimas y el dolor se liberaron.

Podía escuchar a mi padre protestar con furia, vociferar en la cocina. Metí los dedos en los oídos en un intento por no oír lo que estaba diciendo, pero gritaba tanto y nuestra casa era tan pequeña que oía cada palabra. "Está bien, Ross... tranquilízate. Te dije que era así, Ross. No sé qué vamos a hacer con ella. Ignórala, Ross. Vamos, te hice una cena deliciosa. No dejes que ella la arruine. Vamos, niños, comamos". De a poco la voz de mi padre comenzó a ceder y una vez más se alcanzó el equilibrio caótico de la casa. Todo volvió a la normalidad. Mami había calmado a Papi. Marc y Leslie sonreían durante la cena y también escondían los problemas bajo la alfombra. Yo, la más salvaje del grupo, estaba en mi habitación, sola, haciendo el mayor esfuerzo posible por no caer entre las grietas que cubrían mi mente.

Los juegos que aprendí a jugar

1, 2, 3, 4, 5, 6, 7, 8, 9, 10. Me gustaban los números pares. Poco tiempo después de haber roto con mi pluma, comencé a contar. En mi cabeza, comencé a contar las letras de las oraciones que oía decir a la gente. Visualizaba las letras en mi mente y después contaba cada letra, esperando que llegaran a 10. Una oración como "eras rápida" era perfecta, porque tenía 10 letras. Una oración como "Hace un gran frío afuera" también era perfecta, porque cuando contaba las letras de esa oración con los dedos, terminaba en 20. Si una oración no terminaba en 10, 20 o 30, agregaba con la mente letras a una palabra hasta que llegara a una de esas cifras.

Nadie sabía que contaba. Nadie sabía que mientras conversaban, yo contaba las letras de sus oraciones con mis dedos. Mantenía las manos detrás de mi espalda, ponía tieso el dedo pulgar y chocaba cada uno de los otros dedos contra el pulgar, comenzando por el meñique, hasta retorcer una oración para que llegara a diez.

Contaba en todo momento. Me calmaba. Y si bien a la mayoría puede sonarle raro e incluso extravagante, la verdad es que no era tan demente como parece. De niña, no tenía a quién expresarle mis sentimientos. Un ataque tras otro no hacían más que sumar dolor a mi cuerpo ya dolorido. Nadie me veía. Nadie me valoraba como un ser sensible, a pesar de los inmensos sentimientos que tenía dentro de mí. Con un mensaje tácito me ordenaron no sentir y nunca expresar mis sentimientos, mientras que con el siguiente me mostraron que solo Mami y Papi tenían derecho a sentir y a expresar sus emociones. Mi mundo estaba patas arriba, lo cual me dejaba aturdida por las incoherencias y con una sensación de desconfianza para con aquellos a quienes no me quedaba más opción que llamar mi familia.

Contar también era mi manera de mantenerme dentro de mi

cabeza y lejos de mi madre. Había encontrado una manera de hacer algo que ella no pudiese controlar. Y por más anormal que pudiera parecer ese comportamiento, estaba convencida de que evitaba que se apoderara de mí el huracán de la culpa y la vergüenza de las cuales había pasado a estar acompañada en todo momento. En secreto hacía conteos mentales desde el momento en el que me despertaba por la mañana hasta el momento en el que me quedaba dormida. Cuando no había ninguna conversación, armaba una en mi cabeza y me sentía casi realizada, validada y digna cuando podía pensar en una oración que llegaba con prolijidad a diez. Mi madre no podía invalidar lo que no sabía que existía.

Además de contar letras, también desarrollé una obsesión por las matrículas de vehículos. Por la mañana, camino a la escuela, memorizaba las matrículas y las repetía una y otra vez en mi cabeza, y veía cuánto tiempo podía recordar el número hasta ver otro número de placa que me gustara. Los domingos por la mañana, cuando conducíamos a la casa de mis abuelos en Maspeth y mis padres llenaban el auto con el humo de sus cigarrillos, me enfocaba en los números de todas las matrículas de los vehículos que pasaban junto a nosotros en las calles y así me alejaba de ellos. Cuando estaba perdida en la tierra de los números, era menos consciente y estaba menos preocupada por lo que mi madre, mi padre o mi hermano pudieran haber estado pensando sobre mí. Preocuparme más por los números que daban vueltas por mi cabeza me ayudaba a preocuparme menos por lo que cualquiera de las personas a las que quería pensara de mí.

Adoraba escribir. Escribía poemas y cuentos. Una vez incluso escribí un libreto para el programa *The Hardy Boys.* Estaba enamoradísima de Sean Cassidy. Su argumento giraba en torno a una niña pequeña enferma a quien, por supuesto, habría representado yo. Si bien no puedo recordar toda la base argumental, sí me acuerdo de soñar con que Sean Cassidy y Parker Stevenson acudieran en mi rescate emocional. Estaba tan convencida de que el argumento era digno de un episodio televisivo que se lo mandé al productor del programa, que creo que era Glen Larson. Conseguí su dirección en una revista para adolescentes.

Tirarme del cabello también me calmaba. Era una costumbre que desarrollé una tarde sentada en mi cama. Mi madre y yo acabábamos de tener una de nuestras discusiones. Recuerdo haberme sentido en particular herida esa tarde, porque ese día, en pleno ataque de ira, me llamó "psicópata" y dijo que iba a ser "igualita a la tía Evelyn". No recuerdo siquiera qué hice ese día. La mayoría del tiempo Mamá esperaba que le leyera la mente y supiera que quería que llevara los zapatos de la escalera a los dormitorios. A veces arrancaba con sus diatribas después de que Papi la retara por teléfono. A veces toda la ropa sucia la ponía tan nerviosa que el simple hecho de que yo estuviera sentada en el sofá la hacía enojar. Me resultaba más fácil levantarme e irme, o solo quedarme en mi habitación.

Con frecuencia Mamá no dejaba de castigarme con sus palabras hasta haber podido quebrarme. Me di cuenta de que cuando por fin yo me quebraba y comenzaba a doblarme y a llorar, ella dejaba de gritarme. Era increíble, en serio. Era como si estuviera en un cuadrilátero conmigo y sus palabras fueran sus puños y yo, su contrincante, y la pelea seguía hasta que pudiera noquearme. Mis lágrimas y mis muecas, o cuando por fin me hacía dar un puñetazo a la pared o mostrar mi puño, eran señales de dejarme fuera de combate. De repente, sus palabras defensivas se detenían, la ira de su voz se desvanecía y una expresión casi de realización cubría su rostro.

Aterrada de terminar como la tía Evelyn y no segura de no terminar así, me enfocaba en separar cabellos con mis dedos para acallar las visiones mentales que tenía de mí misma con una camisa de fuerza. "No, no, no… no soy como la tía Evelyn. No, no, no… no estoy loca… no, no, no… está bien soñar con Sean Cassidy. Sé que es solo un programa… No, no, no…". Recuerdo repetir esas frases mientras retorcía el cabello alrededor de mis dedos y después tiraba de él con fuerza, calmada por el agradable alivio que me generaba el agudo dolor de arrancar cabello de mi cabeza. Arrancarme pelo de mi cuero cabelludo tenía sentido. Ese dolor podía explicarlo. Sin embargo, la ira de mi madre nunca fue algo que pudiera comprender del todo, excepto cuando, en mi cabeza, aceptaba con inocencia la responsabilidad por ella.

El exterior, enfocado en mi realidad física, era demasiado amargo para poder tolerarlo durante largos períodos. Contar las letras de las oraciones, recordar con obsesión las matrículas, fantasear con ideas caprichosas sobre el amor y arrancarme el cabello preservaba la poca paz mental que no se había quemado por la incomprensible exposición a la frialdad del gélido abuso emocional de caer por el acantilado de mi psiquis. Sin mi pluma, la basura iba acumulándose. Esas obsesiones me ayudaban a sobrellevar la podredumbre.

A la defensiva

La autoestima baja no es como un resfriado. No es algo que superas en diez días. Cuando sientes que no vales nada, se nota. Los niños tienen una intuición magistral, en especial en lo referente a otros niños. Tienen un conocimiento intrínseco de a qué niños de entre ellos se los puede intimidar y a cuáles no. Los niños intimidados no llevan carteles colgados en sus cuellos donde piden que los intimiden. Pero sí muestran señales que les indican a los otros que sienten no encajar. Los indicios están en el cuerpo. Su postura suele ser encorvada, torpe o rígida. Es raro que tengan el deseo o la fortaleza para mirar a otro a los ojos. Evitan el acercamiento físico a los demás o a veces son demasiado dependientes. Si bien a los adultos puede resultarles difícil detectar en medio de una multitud qué niños es más probable que sufran intimidaciones a lo largo de sus vidas, los niños, por el contrario, podrían señalarlos con facilidad.

Sin embargo, yo no era la típica niña intimidada. Para el que me mirara, mi postura no era encorvada y mi cuerpo no estaba en particular rígido. Lo sé porque recuerdo específicamente ordenarme de forma consciente no encorvarme o caminar rígida como una tabla. En mi mente, sabía que no era como todo el resto y mi objetivo era fingir que no me importaba.

Cuando pienso en mi pasado, en la escuela, supongo que en gran medida me ponía en posición de observadora de mi experiencia en lugar de en verdad asimilar los abusos como hacía en casa. Para cuando tenía diez u once años, mi relación con mi madre había asegurado en gran medida mi desconfianza hacia otras personas. La piel gruesa que era necesario tener para ser miembro de mi familia me resultaba útil, o eso suponía. Nunca habría podido saber que la armadura que, según creía, me protegía era en realidad algo más parecida a la capa roja de un torero.

Si bien en la escuela me intimidaban muchísimo, tanto como en casa, la dinámica dentro de mí no era la misma. La falta de empatía de mi madre para conmigo, que era su hija, desgarraba mucho más que el rechazo que sufría en la escuela. Creer que mi propia madre no me quería y en última instancia me rechazaba era casi fatal para mi alma. Si bien deseaba encajar en la escuela, el hecho de no hacerlo no me incapacitaba como podría haberse pensado que lo haría. Creo que la capacidad de diferenciarme de los niños de la escuela me venía bien en lo referente a la intimidación. Empecé sabiendo que no era como ellos. Empecé blindada. Empecé sin confiar.

Siempre sentí que confundía a mis compañeros de clase. Si bien todos sabíamos que yo era diferente, no me encogía como algunos de los otros niños a los que intimidaban. Si un matón se burlaba de mí, yo me burlaba de él en respuesta. Si un matón me golpeaba, yo le devolvía el golpe con el doble de fuerza. Y si unos niños me atacaban en grupo en el patio de la escuela, esperaba hasta encontrarlos solos un día y los castigaba. Podía no ser delicada o pequeña, como la mayoría de las niñas de mi edad, pero era fuerte y no tenía miedo de usar mi fuerza física para defenderme.

Los varones se metían conmigo mucho más que las niñas. Creo que las niñas sabían que les rompería la cara si se propasaban. Fuera de dos niñas de aspecto andrajoso llamadas Carlene y Monique, nunca tuve verdaderos problemas con niñas. Mi problema eran los varones.

Yo no era varón, pero no era niña… al menos no para los varones de mi curso. Inseguros de cómo tratarme, esa "cosa" que yo era los confundía. Mis matones me apodaban "El hombre", "El chimpancé", "La cosa", "El andrógino" y "Hércules". Se burlaban del vello de mis brazos y de mi pelo mocho. Disfrutaban hacerme trastabillar mientras caminaba por los pasillos y sobre todo pensaban que era gracioso escupir mi silla o pegar mocos en mis lápices.

Odiaba los miércoles. Los miércoles teníamos educación física, lo cual significa que iba a sufrir castigo físico por ser quien era o quien no era. Nuestro profesor de educación física insistía en jugar al quemado. Con frecuencia me preguntaba por qué en lugar de eso no podíamos correr alrededor del gimnasio o hacer sentadillas o saltos de tijera. ¿Cómo podía ser que nuestro profesor no viera qué sucedía durante nuestro período recreativo?

Mi única defensa era intentar evitar que me golpearan. Era poco común que los capitanes me escogieran para estar en sus equipos, porque la historia había dejado en evidencia que era el blanco más popular de la clase. Si estabas en mi equipo y por casualidad te parabas junto a mí cuando el otro equipo tenía el balón, existía la posibilidad de que te golpearan fuerte si no lograban pegarme a mí, su verdadero blanco.

Todavía siento el dolor que me provocaba el balón cuando golpeaba mis piernas desnudas y el sonido que oía en mi cabeza cuando golpeaba esa parte de mi cuerpo. Las expresiones de los rostros de los niños me asustaban. Odiaba saber que no solo disfrutaban sacarme del juego, sino que lo más preocupante era el hecho de que gozaban lastimarme mientras lo hacían. Esa no era una forma de diversión sana. Por el contrario, ese juego era una forma de intimidación supervisada.

Timothy era un compañero mío de clase gordo, pelirrojo, con pecas que había repetido de grado. Me odiaba y lo mostraba. Por alguna razón, mis compañeros de clase le temían. Los matones cedían con gusto sus reinos al gordo bocón en cuanto entraba en nuestra aula. Timothy era el típico arrogante a quien no lo intimidaba la autoridad. En mis ocho años de escuela católica fue el único niño al que vi tener la audacia de burlarse de una monja a sus espaldas. Me sorprendía que ni siquiera le importara qué pudiera pensar Dios.

Yo también lo odiaba. Y se lo mostraba a mi manera. No me reía cuando le lanzaba bolas de papel mascado a las faldas de nuestras maestras mientras estaban de espaldas ni le concedía la atención que reclamaba cuando se portaba como un tonto cuando le pedían que respondiera alguna pregunta. Rehusaba estar en el grupo cuando contaba chistes verdes en el patio de la escuela, y cuando se jactaba de tomar anfetaminas y tranquilizantes, me aseguraba de mostrarme desinteresada.

Cuando íbamos a alguna otra parte del edificio de nuestra escuela, se esperaba que fuéramos en fila. Las filas se dividían en dos. Una para los niños, la otra, para las niñas. Timothy era alto porque tenía un año más que nosotros, así que su lugar era al final de la fila de los varones. También nos ordenábamos por altura. Para ser niña, yo era alta, y ocupaba uno de los últimos lugares de la fila de las niñas. Una mañana, cuando nuestro curso bajaba al primer piso, Timothy, a espaldas de la hermana Rose Georgette, asumió una pose de lucha como si estuviera preparándose para boxear conmigo. Todos los niños que estaban delante de Timothy se rieron. Intuí que iba a lanzarme un puñetazo y esperaba que yo no dijera nada porque, según él suponía, le temía igual que el resto de los cobardes de mi clase. Pero Timothy no sabía que este andrógino respondía.

Se sacudió y zigzagueó unos pasos e hizo a muchos de los niños reírse. Una o dos veces la hermana Rose Georgette se detuvo a echar un vistazo a lo que estaba sucediendo en la parte trasera de la fila. Había oído algunas risitas, pero no pudo atrapar a Timothy haciendo que boxeaba. Yo seguí mirando hacia delante, pero en todo momento me mantuve atenta a Timothy. Cuando la hermana Rose Georgette comenzó a caminar de nuevo y nuestras filas la siguieron, Timothy me golpeó con toda su fuerza en el brazo izquierdo. Como estaba algo preparada para el golpe, puse rígido el músculo de mi hombro, reforcé mi cuerpo y absorbí el golpe lo mejor que pude. Sin dudarlo, llevé para atrás mi brazo derecho, cerré el puño y con toda mi fuerza, y tal como me había enseñado a hacerlo mi padre cuando era pequeña, le pegué a Timothy justo en el centro del hombro, con todo el peso de mi cuerpo.

Detestaba pelear, pero detestaba más que alguien pensara en maltratarme sin que yo hiciera algo al respecto. Las intimidaciones de la escuela eran bastante parecidas a las intimidaciones de casa. La mayoría de las veces tenía que soportarlas. Pero, a diferencia de lo que pasaba con Mamá, a los matones podía devolverles el golpe si me golpeaban. Por supuesto, devolverlos no hacía más que empeorar los golpes del quemado, los apodos, los lápices con mocos y los tropiezos accidentales, pero la gloria que sentía los días que de hecho podía devolver el golpe ayudaba a equilibrar las cosas, al menos por un tiempo.

¿Quién? ¿Yo?

Me encogí cuando la maestra lo anunció. Para la siguiente feria de ciencia, debíamos trabajar en pareja con alguien. No quería trabajar en pareja. O quizá era demasiado consciente de que probablemente nadie de mi curso querría trabajar en pareja conmigo. La maestra me puso a trabajar con una niña de cabello ondulado llamada Janice. Era callada y no intimidante. Era el tipo de niña que durante el quemado le escapaba al balón cuando iba en su dirección y dejaba escapar un "Aaaah" cuando se acercaba demasiado. Si bien su cabello era rizado, era largo, y tenía un color de ojos exquisito. Me hacían acordar a la marcasita.

Janice y yo decidimos hacer un informe sobre el sistema circulatorio. Durante varios días, después de la escuela, nos encontramos en la biblioteca local para reunir información. En aquella época teníamos que recurrir a las viejas enciclopedias y a fotocopiadoras aparatosas. Me sorprendía con cuánta naturalidad Janice me dejaba llevar la voz cantante. Me gustaba la ciencia y siempre me cautivó la sincronía del cuerpo humano. Si no hubiera sido obligatorio trabajar con alguien en ese proyecto, sabía que me habrían dado una A. A pesar de lo que sucedía en casa y en la escuela, mi desempeño era excelente.

Después de recabar suficiente información, fue hora de armar nuestro trabajo y darle una presentación impresionante. Janice dijo que su mamá no tenía problemas con que hiciéramos el resto del trabajo en su casa. La casa estaba desorganizada. No se veía como la mía. Mi madre y mi padre eran meticulosos en cuanto a las huellas dactilares en las jambas, y las hilas en las alfombras. Mi madre se la pasaba fregando y era una experta organizadora, y mi padre reparaba y organizaba todo. En la casa de Janice no parecía vivir nadie que fregara, reparara u organizara las cosas.

Estaba llena de gente. Vivía con una hermana mayor y dos hermanas menores, y con dos de sus primas, su mamá y su papá. Parecía que cada vez que yo levantara la vista otro cuerpo pasara caminando por la cocina, donde teníamos todos nuestros materiales desparramados por la mesa donde comía la familia. Lo que más me impresionaba era cuán amables parecían ser todos entre sí y con cuánta cordialidad me saludaban.

No tardé mucho en enamorarme de los sentimientos que encontré en la casa de Janice. Recuerdo dar vueltas en mi cabeza. Me decía que debía dejar de esperar que mi amistad con ella durara después de haber entregado el proyecto. Me esforzaba por recordarme el hecho de que Janice y yo nos habíamos conocido solo porque la maestra había insistido en que trabajáramos juntas en nuestros proyectos. Me regañaba a mí misma, me decía que a Janice yo no le caía bien. Tenía que tolerarme. No tenía otra opción. Además, su vida estaba llena de relaciones hermosas, ¿por qué querría pasar tiempo con una paria como yo?

Había encontrado satisfacción en haber castigado a mi mente por querer que mi relación con Janice continuara después de haber entregado el proyecto. Y ese día, cuando Janice y yo le presentamos nuestro trabajo a la maestra, estaba lista para que mi vida volviera a su sórdida norma. Así eran las cosas, pensaba, y no iba a poner el pescuezo para que ella me lo pisara.

Ese mismo día estaba a punto de cruzar la 15.ª Avenida camino a casa cuando oí a alguien decirme: "¿Quieres pasar tiempo conmigo y con mis hermanas hoy?". Era Janice. Confundida y tambaleándome en el borde entre el terror y la feliz posibilidad, no sabía qué responder. La verdad es que no estaba segura de querer ir. Sin embargo, estaba segura de que no quería que me hirieran. Estaba segura de que me gustaba la sensación que me producía estar con ella y su familia. Pero no estaba segura de poder abrirme a ella y a esos buenos sentimientos. No estaba segura de que sería lo suficientemente fuerte como para soportar que me rechazara si por alguna razón podía aprender a bajar mi guardia.

"Por supuesto", le dije, "pero cuando lleguemos a tu casa debo llamar a mi mamá para decirle dónde estoy".

¿Puedo confiar en ti?

Mientras caminábamos a la casa de Janice, traté de no quedar muy atrapada en el tira y afloje que estaba dándose en mi mente. Había una parte de mí que no podía entender por qué Janice quería pasar tiempo conmigo. Ya habíamos entregado nuestro proyecto. Mi mente no podía encontrarle sentido a que buscara ser amiga de alguien como yo. Pero también había otra parte de mí que se sentía obligada a correr el riesgo.

El temor comenzó a ceder mientras Janice y yo caminábamos a su casa esa tarde. Llamé a Mamá y le dije dónde estaba. No tuvo problemas con que pasara tiempo con Janice y solo me pidió que estuviera en casa para cenar. El cuarto de Janice era pequeño y lo compartía con sus hermanas. Había ropa tirada por todos lados y recuerdo haberme sorprendido por la ropa interior y los sostenes que estaban desparramados por el piso, sin preocupación por el recato. Me gustaba que a Janice y a su familia no les escandalizaran esas cosas. Contribuía a calmar mi carne viva.

Por mi vacilación cuando estaba en tal proximidad emocional con otros, recuerdo haber intentado no mostrarme inquieta ante la franqueza con la que se hablaban unos a otros. Me encontré observando con pasividad y asimilando en lugar de interactuar. No sabía cómo actuar. No sabía qué era apropiado. Tan acostumbrada a vivir mi vida a la espera de que me llegue el golpe fatal, estar sentada en el borde de su cama marinera, entre prendas sucias, escuchando las risas sonsas y sinceras de Janice, sus hermanas y su prima Nancy me ponía nerviosa. No dejaba de esperar que alguien me atacara —por mi cabello, mis dientes, mis cejas; por algo—. Pero nunca me atacaron. Eso era raro.

Para sorpresa mía, mi amistad con Janice continuó. Comencé a sentirme menos sola y como si esa familia de hermanas me hubiera incorporado a ella. Janice, sus hermanas y sus primas tenían una relación íntima. Y cuando yo llegué, me aceptaron como una de ellas sin más. Era difícil no bajar la guardia, pero me resultaba incluso más difícil no gravitar en torno de la novedad que estaba sobrecogiéndome. Era como si esa amistad cambiara todo mi mundo, o al menos la percepción que tenía de él.

Janice y yo también éramos amigas en la escuela. Lo común era que yo almorzara sola. Pero desde nuestro proyecto de ciencia, Janice y yo compartíamos nuestros almuerzos. Ahora los matones eran menos irritantes o, como no estaba tan a la defensiva, no me preocupaba tanto por no bajar la guardia. Las cosas estaban cambiando. Incluso Mamá me trataba mejor. Pensaba que quizá se alegrara de que hubiera encontrado una amiga.

Con el paso del tiempo, Janice y yo comenzamos a contarnos secretos, como lo hacen las niñas. Ambas nos enamorábamos de niños y hablábamos durante horas sobre qué lindo era este o aquel. Sentía una liberación increíble al abrirme y reírme con ella como había aprendido a hacerlo. Había aprendido a confiar en ella, en mí misma y en mis ideas lo suficiente como para decir qué estaba pensando. Janice hacía tonterías como yo. No tenía razones para no confiar en mi nueva amiga.

Al final terminé por sincerarme y contarle que estaba enamoradísima de un niño de una de las otras aulas de séptimo grado. Se llamaba Scott. Era alto, tenía cabello color de arena y los ojos me hacían recordar un mar del Caribe. Era delgado y tenía enormes dientes blancos que parecían demasiado grandes para su boca. No me importaba. Lo que en verdad me gustaba de Scott era que, si bien nunca había hablado con él en realidad, no podía evitar darme cuenta de que era más callado que los otros niños odiosos de nuestro curso de séptimo grado.

Scott no lo sabía, pero lo miraba desde lejos. Cuando formábamos fila por la mañana, mantenía mi mirada atenta en él. Ni una sola vez lo vi burlarse de una niña o maltratar a otro niño. Su comportamiento era firme y de aparente confianza. Cuando hablaba con sus amigos, los miraba a los ojos y siempre parecía sonreírles, como si los estuviera atrayendo a él. Me daba la impresión de que era fácil que cayera bien y que a él le caían bien otras personas con facilidad. Todo eso, por supuesto, estaba en mi cabeza.

Janice sabía escuchar. Me animó a que siguiera gustándome Scott. Me dijo que estaba segura de que yo le gustaría si supiera que yo le gustaba, y que quizá un día ambas juntaríamos el coraje necesario para decírselo. Agradecí sus amables palabras, pero era muy consciente de que lo que sentía por Scott debía permanecer en mi cabeza. Estaba al tanto de cómo me veía y sabía que Scott estaba fuera de mis posibilidades. A un niño como él jamás podría gustarle una niña como yo. Soñar con él y conversar sin fin sobre él con Janice durante tardes enteras solo servía como entretenimiento. Eso bastaba para mí.

Janice también guardaba un secreto, solo que no tenía nada que ver con niños. Una tarde, unas semanas después de habernos hecho amigas, me pidió que la acompañara al bulevar. Dijo que quería ir a la tienda Woolworth's. Después de la escuela, fuimos caminando juntas. Yo seguía a Janice por la tienda. Cuando llegamos al pasillo del maquillaje, Janice se detuvo, giró para mirarme y después deslizó un lápiz labial por la manga de su abrigo. Mis ojos se abrieron grandes y mi corazón latía con fuerza mientras mi cerebro intentaba darle sentido a lo que estaba sucediendo.

Janice se puso un dedo sobre los labios como para decirme que me callara. Mi cuerpo se puso rígido; de repente sentí que todo el mundo nos estaba mirando en ese momento. Janice recorrió algunos pasillos más, conmigo cerca a cuestas. No segura de cómo actuar, me quedé callada y la seguí hasta que salió por la puerta. Estaba aturdida mientras intentaba aceptar lo que había hecho. Había quedado sorprendida por su habilidad y su porte relajado. Habría esperado que estuviera temblando, inquieta o quizá incluso asustada. Pero nada de eso le sucedía. De hecho, Janice parecía estar extasiada e incluso orgullosa.

Cuando llegamos a su casa, Janice me llevó directamente a su cuarto. Ya allí, abrió sus bolsillos y sacó un conjunto de artículos robados de Woolworth's. Los lápices, las gomas de borrar y el brillo de labios salían de su chaqueta como salen las palomitas de maíz de la máquina. Me asombraba la cantidad de artículos que había robado bajo mis narices sin que yo me diera cuenta.

Esa noche volví a casa muy apesadumbrada. Ese año, en nuestro curso tomaríamos el Sacramento de la Confirmación. Me preguntaba si Janice alguna vez había prestado atención a lo que nos enseñaba la Srta. Agnello en religión sobre el Espíritu Santo y el Sacramento de la Confirmación. ¿Sabía que robar estaba mal? ¿Sabía cuán triste se ponía Jesús cuando ella robaba? ¿Había escuchado lo que había dicho la maestra sobre la Confirmación? La Srta. Agnello explicó que, como jóvenes cristianos, ahora íbamos a ser responsables de nuestro camino espiritual con Cristo. ¿Janice no sabía que Dios estaba observándonos a ella y a mí?

Me había afectado lo que había estado enseñándonos la Srta. Agnello y, si bien aborrecía la tremenda escultura de Jesucristo ensangrentado colgada sobre el altar de nuestra iglesia, creía amar a Jesús. No quería decepcionar a ese hombre o a Dios, que vino a la tierra a salvar mi alma. No tenía en claro todos los detalles específicos, pero estaba convencida de que Dios existía. E incluso estaba más convencida de que Él también conocía bien Woolworth's.

Al día siguiente, en la escuela, Janice me pidió que la acompañara a Woolworth's después de clase. Inventé una falsa excusa y rechacé la invitación. Me encontré en un campo de batalla conocido. Mi mente saltaba de un lado a otro y luchaba con sentimientos de desilusión, tristeza, temor, intimidación y en especial culpa. Janice era amiga mía. Era mi única amiga y ahora todo se sentía diferente. Me resultaba imposible fingir. Durante el almuerzo estuve más reservada que de costumbre y Janice se dio cuenta. De hecho, me lo hizo saber. "¿Qué diablos te sucede?", recuerdo que preguntó.

Contarle mis secretos ya no me hacía sentir cómoda. Estaba retrayéndome. La culpa que sentía por el secreto de Janice era abrumadora. Ya nada se sentía igual. "Vas a venir conmigo a Woolworth's hoy", me exigió. Accedí a acompañarla, pero ya había decidido que no entraría en la tienda con ella. No le dije nada al respecto y en silencio me temblaban las piernas.

Esperaba que pasara. La culpa que sentía me cubría como un traje de plomo. Nunca dejaba de sentirla. Esperaba que Janice respetara mis sentimientos con respecto a su secreto. Esperaba que entendiera cuán incómoda me hacía sentir robar. Esperaba no perder por eso a la única amiga que tenía, pero no estaba segura de que no fuera a ocurrir eso. Decidí seguir el juego y ver qué sucedería a continuación.

"Hay una libreta verde que quiero. Tiene un cachorro en la tapa. Entra, róbala y tráemela", me exigió Janice una tarde fría mientras estábamos paradas fuera de la tienda Woolworth's. Su rostro se congeló cuando le dije: "No, no puedo hacer eso. Si la quieres, ve. Yo tengo demasiado miedo de que me atrapen".

"Entra y tráeme esa libreta o ya no seré amiga tuya, Lisa", me ladró a través de sus dientes apretados. El golpe fatal me tomó por sorpresa, como un golpe bajo, y casi me dejó noqueada como para empezar la cuenta de diez, justo allí, en el pavimento frío sobre el que estaba parada.

Permanecí un momento de pie en ese lugar, mirando desde arriba a Janice. Era más baja que yo. Sentía que mi vida entera pasaba frente a mis ojos. Todas mis esperanzas, toda la novedad, se desintegraron en un segundo. Había perdido mi confianza en Janice. Era como todo el resto, pensé. Solo se preocupaba por sí misma y en realidad nunca me percibió en absoluto. No quería creerlo, pero yo solo había sido su compañera del proyecto de ciencia. Nunca fui en realidad una de sus hermanas o siquiera su prima. Era solo otro personaje de su vida a quien pensó poder manipular para hacer por ella lo que quería que hicieran. Sabía cuán sola había estado y cuánto me intimidaban. Se lo conté. Le había confiado todo eso y allí estaba, usando mi herida como arma contra mí misma. Ahora lamentaba haberla conocido.

La Srta. Agnello había dicho que ser buen cristiano significaba defender lo que uno creía correcto. Había dicho que los Diez Mandamientos eran como una guía a la cual la gente debía prestarle atención. Había dicho que Dios siempre estaba presente, incluso cuando sentíamos la tentación de hacer el mal, y Él nos daría la fortaleza para hacer el bien cuando la necesitáramos. Había dicho que las sensaciones incómodas que sentimos en la barriga eran de hecho la forma en la que nos hablaba el Espíritu Santo. Había dicho que sentirnos mal es una señal del poder supremo de estar actuando contra lo correcto y bueno. Había dicho que no escuchar a nuestra intuición era como reírnos de Cristo mientras estaba colgado en la cruz. Cristo vino a salvar a nuestras almas de la tentación. Ceder al mal era el equivalente de escupir a nuestro Salvador en el rostro.

"Te lo juro, Lisa, si no entras y me traes esa libreta, nunca volveré a hablarte", reiteró mientras mi intuición tomó la decisión. Me alejé de Janice y nunca volví a pensar en ella. Mientras recorría lo que pareció el camino más largo a casa, mi mente comenzó a sacarla de mi ser. No era quien había esperado que fuera. No éramos quienes esperaba que fuéramos. Y mañana, sin lugar a dudas, sería un infierno. Fue un momento de mi vida asombroso. Ahora, cuando pienso en esa caminata, como observadora de la niña que era, no puedo evitar sentirme orgullosa por mi decisión de alejarme ese día de Janice. Lo que ella nunca podría haber sabido era que, si bien no me gustaba no tener amigos, odiaba incluso más que me mandonearan.

En ese largo recorrido, oí por primera vez una voz que nunca había oído. Era apenas audible y sonaba más a lloriqueo que a conversación. Pero de alguna manera muy dentro de mí percibía haberme conectado con algo profundo. Tuve la vaga idea de que era muy improbable que yo fuera por completo mala, como siempre lo había creído.

Janice cumplió con su palabra. Nunca volvió a hablarme. Era como si nunca hubiéramos hecho juntas el proyecto de ciencia. Era como si nunca hubiera conocido a sus hermanas o a sus primas y nunca hubiéramos robado en Woolworth's. Con una rápida decisión, toda mi vida volvió a su lado espinoso de nuevo, solo que esta vez era por elección propia. Estaba comenzando a entender que para sobrevivir en este mundo necesitaría retraerme más en mí misma.

El momento crítico

Era el primer día de octavo grado. Mi sentencia en esta escuela católica infernal terminaría en alrededor de nueve meses. Como cualquier otro día de regreso a la escuela después de un largo verano, se esperaba que cada uno de los cursos se colocara en fila en los lugares del patio que les habían asignado. En aquella época había demasiados estudiantes en nuestra escuela. Cada grado tenía al menos tres salones. La fila que me habían asignado estaba entre las de los octavos de los otros salones de clase.

El ruido de los niños cubría el patio, y los padres estaban de pie tras el alambrado plateado que rodeaba el perímetro del área cerrada en la cual se encontraban los cursos. Justo antes de que el director hiciera repicar la gran campana de bronce que daba la instrucción de "silencio", empezó a oírse un alboroto en la calle fuera del patio. Uno a uno, los niños de las filas de octavo grado comenzaron a salir disparados por el portón y a reunirse en la calle. Desde donde yo estaba parada, dentro del patio, parecía que la multitud estuviera rodeando a alguien. Sin embargo, no podía ver quién estaba atrapando toda la atención y no podía imaginarme por qué alguien estaría haciéndolo, tan temprano por la mañana y a esa altura del año.

La campana sonó y, como cachorros entrenados, los niños se distribuyeron con prolijidad en los lugares apropiados de sus respectivas filas. Cuando la multitud se redujo, me sorprendió cuál había sido la causa de la conmoción. La horda diluida dejó a la vista la peor pesadilla para mí, algo que jamás habría imaginado. Como una pareja célebre que trataba de abrirse paso entre fanáticos devotos, aparecieron Janice y Scott de la mano.

Nada de lo que me había pasado antes podría haberme preparado para la descarga de vil adrenalina que corrió por mis delgadas venas. No podía ni luchar ni huir. Me sentía destripada, como si mis intestinos estuvieran tirados en el piso a mis pies. Peor aún, estaba muriéndome y ninguno de los que me rodeaba sabía cuán cerca estaba de la muerte. Ver a Janice y Scott juntos me hizo sentir que la muerte había llegado al instante, algo parecido a la crudeza que sentía cuando sufría los ataques de ira de mi madre, pero mucho más intenso que cualquier otra emoción fatal que hubiese tenido. No había cuarto al cual huir, ni pluma con la cual descargarme, ni lugar para arrancarme el cabello, ni palabras para contar, ni matrículas de las cuales enamorarme. Tendría que nadar por ese tsunami de ácido.

Ya más grande y sabia hoy, tras haber tenido tres hijos, muchas veces he pensado en cómo y por qué algunos niños son tan insensibles y crueles con otros niños. A mi mente adulta la pasma pensar en la idea de que haya niños que se deleiten con el hecho de ejercer violencia emocional y psicológica contra otros niños. Escapa a mi mente la capacidad de comprender por completo la naturaleza insensible que debe tenerse para anhelar destruir a otro ser humano, en especial cuando los agresores y las víctimas son niños. Esa mañana fatídica, cuando Janice me lanzó una satisfecha mirada de venganza y se colocó en la parte trasera de la fila, me hundí en el tanque de veneno que había pasado a ser el sombrío leitmotiv familiar de mi vida. Ya no quedaba lugar para los "¿por qué?".

La oscuridad había comenzado a tocar los bordes de mi mente, como la niebla matutina abraza la costa. No era algo tan simple como parecía —al menos no para mí, y, sin lugar a dudas, tampoco para Janice—. Era algo más profundo que el hecho de que quien era mi amiga ahora estuviera saliendo con el chico del cual yo estaba enamorada. Era algo más oscuro que los celos. En realidad, no sentí ni un dejo de celos. Lo único que podía sentir era un enorme dolor. Como un enjambre de avispas, las emociones rebotaban dentro de mi ser y me picaban una y otra vez desde mi interior. No estaba enfadada ni sentía envidia. Rebosaba desesperación ante el grado de indiferencia de Janice por la confianza que le había tenido y el grado de deseo de vengarse de mí tan solo por no querer hacer lo que ella quería que hiciera. Era un acto de venganza que mi psiquis no podía aprehender.

Para abrir más mis heridas ya sangrantes, el verano había hecho del patito feo que era Janice una imponente ave del paraíso. Decir que esa joven era hermosa sería quitarle importancia a la verdad de su nueva belleza. Ya no llevaba una melena de lana. Sus cejas ya no parecían galletas peludas. Y ya no bajaba los ojos cuando otros los miraban. El tiempo, infundido con la cantidad justa de hormonas femeninas, había convertido a Janice en lo que podría haberse descrito como una bomba de doce años de edad. No se parecía en nada a la Janice a la que le gustaba robar del bazar local. A esa niña no la conocía. Esa niña me asustaba. Esa niña tenía mi alma en sus manos y ambas lo sabíamos. Lo único que podía esperar era que no la apretara demasiado.

Me costó hacer que mis piernas se movieran. El camino al tercer piso se sintió increíblemente más largo que de costumbre. Me sostenía con hilos. Scott no estaba en nuestro salón. Estaba agradecida de al menos no tener que verlos intercambiar miradas o pasarse notas de un lado a otro. Mientras me esforzaba por aceptar esa nueva realidad, de repente mi anhelo por soñar despierta sobre Scott desapareció. Las ansias se desvanecieron. Otro escape secreto mío, al descubierto.

Cuesta imaginar que nadie supiera cuán cerca del precipicio estaba, en especial Janice. No dejó de encontrar maneras de hacerme saber que salir con Scott era más de lo que parecía. Sus acciones tenían motivos, si bien no había otra persona que no fuera ella a la cual podría haberle contado eso y, sin lugar a dudas, nadie a quien le importara o me creyera. Janice se aseguraba de pasar por mi escritorio más veces de las que era necesario y, cada vez que lo hacía, se chocaba con mi pierna o fingía tropezarse para poder caer sobre mí. Una o dos veces me atreví a mirarla por sobre mi hombro solo para descubrir que sus ojos grises con manchas estaban mirándome mientras de sus dedos colgaba la tobillera que Scott le había dado.

Fuera de mis posibilidades, me rendí. No era una batalla que fuera a ganar. No se trataba de fuerza física o agilidad. Era una guerra que se propagaba sobre un paisaje delicado y frágil. Desde el punto de vista emocional, Janice era mucho más fuerte que yo. Tenía un sistema de apoyo que yo no tenía, y ahora incluso contaba con Scott. Ojalá hubiera intentado golpearme en el parque o me hubiera tirado del cabello en la clase de educación física. Si hubiera intentado hacerme daño físico, estaba segura de que yo también podría haberla herido e incluso mucho más de lo que ella podría haberme herido a mí. Esa guerra no solo me había tomado por sorpresa, sino que también estaba teniendo lugar en una parte de mi alma que ya era delgada como el papel.

Con la herida punzante de su traición, e incluso más por su necesidad de restregarme mi propia sangre en mi rostro, podía sentir que estaba perdiéndome, como si mi cuerpo estuviera vaciándose de vida. Esperaba que el día terminara pronto, a pesar de cómo se sentía que el tiempo se había detenido. Pero por desgracia el día solo empeoró, dado que el tiempo demostró que venía en camino incluso más sufrimiento.

"Campeona, eres horrible. Eres la cosa más fea que haya visto en mi vida. Me das asco. No quiero que pienses en mí, escribas poemas sobre mí o siquiera me hables. Eres tan fea que pareces un maldito varón. Eres tan fea que quizá seas una puta lesbiana. Puta de mierda. Ni siquiera me mires, conchuda de mierda", me dijo Scott, parado en el umbral de mi salón de clase durante nuestro almuerzo, con mi antigua amiga, la única que tuve alguna vez, a su lado… Janice.

El mensaje

Si es posible sobrevivir a una mutilación psicológica, lo que yo hice fue sobrevivir, al menos por un tiempo. Tengo cuarenta y seis años y todavía puedo encontrar dentro de mí, resonando muy en lo profundo, el dolor que ese día se infligió en mi alma. Hoy lloro al observar a la inocente niña que era. De lo único de lo que era culpable era de querer una amiga a la cual pudiera confiarle una partecita de mí y, como castigo, Janice no solo se alejó de mí, sino que abrió mi alma, sacó a tajadas lo que quedaba en ella y después bailó sobre ella con tacones afilados como navajas. Y si bien hoy en día soy mucho, mucho más sabia que en aquel entonces, todavía me siento abrumada por la incapacidad de comprender las razones de tal desconsideración, insensibilidad y tortura emocional.

Recuerdo haberme quedado sorda cuando mi cabeza giró hacia el umbral donde estaban parados Scott y Janice. Recuerdo que se me enfriaron las venas y sentí que los dedos de mis pies y mis manos estaban apoyados sobre hielo. Me sentí mareada y mi vista comenzó a desvanecerse. El corazón me golpeaba el pecho y durante un segundo me pregunté si iba a caer sobre mí misma. Cuando mis compañeros de clase comenzaron a reírse a costa de mí, comencé a sentir que estaba evaporándome allí mismo, en mi escritorio.

Scott podría haber seguido atacándome de no haber sido por Janice que lo tironeó del brazo. Casi de inmediato después de que abandonaran el umbral me invadió una idea. Cuando llegara a casa iba a poner fin a mi vida. El sufrimiento había alcanzado un punto crítico en mí. No me quedaban más lugares donde esconderme. No había más números que pudiera contar. Y no había más sueños que sintiera que fuera lo suficientemente seguro soñar. Pensaba: la muerte me salvaría de la desgracia de que se me castigara por ser quien era, quienquiera que yo fuera. No podía ver a Scott y a Janice un día más. No quedaba en mí nada a lo que pudiera aferrarme, que me pudiera salvar del fuego que había consumido mi vida.

Como si estuviera flotando en una nube, las ideas de la muerte me guiaron a casa. Sabía dónde estaba. Papi me había mostrado cómo usarla. Me dijo que si alguien entraba alguna vez en casa, debía matarlo y no preocuparme por hacerlo. Me mostró el lugar donde la guardaba. Estaba al costado de la cama, entre el colchón y el somier. Dijo que no era un juguete.

Era más pesada de lo que pensé que sería. Mientras Mamá pasaba la aspiradora por una de las habitaciones que se encontraban bajo su cuarto, en el cual estaba yo parada con el arma apoyada contra el costado de mi cabeza, me preguntaba si oiría el disparo con el ruido de la aspiradora. Imaginé mi cerebro y mi sangre chorreando por sus paredes y me pregunté si lloraría cuando encontrara mi cuerpo sin vida. No tenía miedo, mientras pasaba por mi cabeza una visión tras otra. Me veía muerta, en un ataúd blanco, con mis compañeros de clase alrededor de mi cuerpo. Imaginaba que Janice y Scott se sentirían culpables por haber sido tan crueles.

Estaba fría. El cañón lastimaba el costado derecho de mi cabeza. Presionaba el arma con firmeza contra mi sien. Las visiones me habían quitado la capacidad de ver. Enceguecida por el dulce aroma del alivio, había perdido toda capacidad de comprender la realidad del lugar al cual me habían llevado mis pensamientos. Mi mano comenzó a temblar cuando giré para mirarme en el espejo colgado en el cuarto de mi madre. La realidad me miraba a los ojos; mi vista regresó, a los gritos, intentando abrirse paso para dejar atrás las embriagadoras visiones que mi cerebro había imaginado.

Conforme la dura realidad emergía, comenzaron a desmoronarse capas de emociones. Lágrimas inesperadas se abrieron camino a las claraboyas de mi alma y enseguida me inundaron. Me resultaba imposible mantener el arma presionada contra mi cabeza. Con mis manos temblando, la coloqué en el tocador que estaba debajo del espejo. Mi cuerpo comenzó a sacar cargas de pesadas emociones que había en mí, casi las vomitaba y quedarme quieta se hizo casi imposible.

Por primera vez en mi vida me veía… a mí misma. La imagen de mí misma, con un arma contra el costado de mi cabeza, con mares de lágrimas que salían de mí cual ríos, me sobresaltó hasta hacerme despertar. Participante reactiva del sufrimiento que había sido mi vida, tan consumida por los intentos de sobrevivir a la vacuidad, no había logrado reconocer mi dolor como observadora. Carecer de esa perspectiva desde afuera me había mantenido atrapada dentro de un ciclo de tortura interminable. Esa reflexión, casi aterradora, me permitió "ver" mis sentimientos. Por primera vez, sentí un dejo de validación. Dado que nadie a quien había querido alguna vez había reflejado en mí sentido alguno de valía, toda mi vida se me había robado la capacidad de "verme" y valorar mis sentimientos.

Las inquietudes por la consecuencia enseguida reemplazaron a las ideas de muerte. Un dejo de perspectiva permitió a mi mente separar mi insuperable dolor de la muerte. Llegué a entender que no era la muerte lo que deseaba. Lo que en realidad anhelaba era alivio. Quería dejar de sufrir, aunque fuera solo un día. Quería ir a la escuela y que no me intimidaran. Quería pasar frente a Mamá y no sentir que le daba asco quien yo era. Quería despertarme y no sentir que mi aspecto importaba tanto. No quería tener que fingir ante Papi que era feliz si no lo era. Por un día, solo quería sentirme libre y quizá incluso segura siendo quien era.

Con la perspectiva llegaron más lágrimas. Como si de repente se abriera una compuerta, y como si mi corazón estuviera vomitando, las capas de desilusión se deshicieron. Cuanta mayor distancia emocional ponía entre yo y mi propio dolor, más profundos eran los gritos de mi alma. Como si viviera mi dolor mediante una conciencia externa a mi cuerpo, con ojos que no eran los míos, "yo" —quien "yo" era— cobré más realidad que en cualquier otro momento de mi vida. Ya no podía fingir no sentir. Ahora podía verme "a mí misma" y eso incluía parte de lo que había olvidado.

Exasperada, me sentía paralizada por el temblor de mi cuerpo. Desconcertada por la emulsión de emociones tóxicas, luchaba por mantenerme en pie. No era hacedora de mis pensamientos. Me invadían por voluntad propia. Uno tras otro, los pensamientos venían a mi mente como moscas. Me resultaba imposible enfocarme. Parada allí, temblando, con lágrimas que fluían incontenibles de mis ojos, oí una voz romper el silencio del cuarto de mi madre. La voz era clara. Estaba segura de haberla oído. Era imperiosa pero no amenazadora, y dijo: "Lisa, baja el arma. Un día les enseñarás".

Me pregunté si estaba loca. Me pregunté si mi madre tenía razón. Quizá después de todo era como la tía Evelyn. Temí que la voz no fuera real. Traté de no trazar paralelos entre la voz y Starsky y Hutch. Traté de convencerme de que no había oído en absoluto una voz, pero dentro de mí no podía escapar a la sensación de haber oído lo que había oído. La voz no era ni masculina ni femenina. No me asustó y, de hecho, su llegada me consoló.

Comencé con lentitud a recomponerme tras haber estado al borde del suicidio. Si mi vida iba a continuar, mi mente debía reorganizar sus ideas. Mientras me hundía en el agotamiento, mi espalda se deslizó por la pared de la habitación y caí sobre mis rodillas. Gateando, coloqué de nuevo con prolijidad el arma donde mi padre la guardaba y después me hice una bola sobre la alfombra junto a la cama, del lado del cual dormía mi padre. No podía quedarme mucho tiempo allí. Mi uniforme estaba comenzando a arrugarse y si Mamá me encontraba allí, no se pondría contenta.

La guardiana de mis hermanos

Me fui a dormir en especial temprano esa noche. El día me había quitado demasiado el aliento. Esperaba que el sueño me tomara y me ayudara a descansar, al menos por un tiempo, de la montaña rusa que era mi vida. Esa tarde había tomado muchas decisiones. Por sobre todo, había llegado a la conclusión de que el suicidio nunca podría ser una opción válida para escapar a las torturas de mi existencia. Había llegado a la conclusión de que, por el contrario, el dolor sería sin lugar a dudas parte de mi vida. Nunca escaparía a él. Pensé que el dolor era inevitable para una persona como yo.

Llegué a conclusiones sobre mí misma también. Entre la avalancha de lágrimas y el volcán de emociones en erupción, encontré ideas que nunca antes había desenterrado. Debajo de todo, y quizá como resultado de la erupción de las capas de emociones negativas, descubrí una verdad sobre mí misma que nunca había conocido. La idea de que era indigna comenzó a debilitarse conforme me hice consciente de que gran parte de la razón por la cual no me suicidé ese día tenía que ver con mi preocupación por las consecuencias que tendría mi suicidio en mi familia. Si bien mi sufrimiento era grande, tomé la decisión consciente de no suicidarme por lo que tendría que soportar mi familia cuando yo ya no estuviera.

Conforme la realidad me trajo ideas sobre las consecuencias, mientras miraba al espejo, ese día pensé en lo que tendrían que atravesar mi hermana, mi hermano, mi madre y mi padre como resultado de mi suicidio. Imaginaba que señalarían a mi hermanita y que se mofarían de Marc porque su hermana estaba "loca". Tuve una vívida imagen de cómo se burlaban de Marc y de Leslie por lo que yo había hecho, y sentí muy fuerte en mis tripas la frustración que yo sentiría si estuviera viéndolos desde lejos, incapaz de protegerlos de los malos pensamientos de otros. Imaginé a mi madre sosteniendo mi cadáver en sus brazos, con un agujero abierto en mi cabeza, y su llanto histérico por su hija muerta. Imaginé cómo podría sentirse mi padre por el hecho de que su hija y su madre su hubieran suicidado.

Acostada en la cama esa noche, me encontré casi orgullosa de no haber apretado el gatillo esa tarde. Por no apretar el gatillo descubrí una sensación de autoestima. Fue el amor lo que mantuvo esa bala en el arma y fuera de mi cabeza. Al darme cuenta de que no me suicidé porque quería evitarle a mi familia la angustia que le provocaría mi suicidio, hallé un dejo de autoestima. Me di cuenta de que debía ser imposible que "no fuera buena". Tenía que ser digna. No era egoísta y tampoco estaba loca. Quería a mi familia lo suficiente como para soportar cualquier torbellino que se cruzara en mi camino los días posteriores y llegué a la conclusión de que no rendirme a las adversidades era, de hecho, mi propósito. En nociones como esas encontré el coraje para enfrentar los días que estaban por venir, a pesar de los días que habían pasado.

Mi familia nunca sabría el sacrificio que había hecho por ellos. Nunca podría contarles lo que estaba sucediendo en la escuela o el hecho de que era tan infeliz que quería morir. Mantuve en secreto cuanto estaba sucediendo en la escuela, por temor a que mi madre no hiciera más que culparme a mí —o, peor aún, considerara mis ideas sobre el suicidio una razón para encerrarme en una institución psiquiátrica—. Después de que Scott me destrozara ese día en el salón de clase, me encerré más en mí misma. Me puse más irritable y a la defensiva. Pasaba incluso menos tiempo con mi familia y encontraba refugio en los largos paseos que daba con mi bicicleta. Nunca habrían podido saber que en mi escape estaba el amor tan profundo que sentía por todos ellos. Me escapaba para evitarles la irritación que les causaba verme y también como modo de desprenderme de la amargura generada por la necesidad de escapar.

Entendía por qué Marc me despreciaba. Con frecuencia mis padres, y en especial mi padre, me comparaban con Marc, que nunca fue muy bueno en los estudios. "Maldita sea, Marc. Mira el trabajo de Lisa. ¿Por qué no puedes escribir como ella? Si ella puede, tú también puedes. Eres perezoso. Ese es tu problema. Eres un maldito pendejo", le gritaba mi padre, mientras Leslie y yo estábamos sentadas en nuestros escritorios después de la escuela, intentando hacer las tareas para el hogar. Nada de lo que hacía Marc era suficiente para mi padre. Siempre sentí pena por Marc y con sinceridad deseaba que no me culpara por cómo nos comparaba mi padre. Podía sentir su dolor en mi corazón, pero mis ojos me decían que me odiaba.

Ese año, en octavo grado, aprendí a insensibilizarme más. Ahora nadie podría herirme. Ya no me importaba hacer amigos ni me preguntaba qué pensaban de mí Janice y Scott. Ahora iba a la escuela como una guerrera y dedicaba mi vida a salir de esa escuela viva por mi familia. Esa idea me daba un propósito y en ella encontraba el coraje como para hacer frente a cada día sin importar lo que trajera consigo. Me di cuenta de que al no preocuparme por lo que pensaban los demás y solo prestar atención a sobrellevar el día, podía sobrevivir con poco dramatismo.

Los niños seguían intimidándome. Pero, como de costumbre, yo les respondía. Ese último año tuve dos peleas a puñetazos con dos niños diferentes y seguí a una niña a la cual le gustaba mofarse de mí frente a otros hasta una tienda de comestibles, donde la confronté y la golpeé. Cayó sobre una lata de verduras que habían colocado en el piso. Mi actitud era: "atacar o ser atacada". Como si se hubieran apagado las perillas de mis sentimientos, sobreviví ese último año de escuela con una calma indiferencia.

Todos los días caminaba sola hasta casa. Marc, Leslie y yo nunca volvíamos juntos de la escuela. Parecía que ni siquiera fuéramos parientes. Ese año, durante la primavera, una tarde después de la escuela, Marc apareció en nuestra cocina con la camisa manchada de rojo. De su nariz salían chorros de sangre. Le dijo a mi madre que

Henry lo había golpeado en el rostro. Henry era un niño alto y torpe de mi curso.

Parecía que los niños de mi aula habían comenzado a intimidar también a mi hermano. Incluso sin estar segura de que fuera por mí, me sentí inundada de culpa. Me sentí responsable por mi hermano, si bien en realidad no era mi culpa que lo hubieran golpeado en la nariz. Verlo allí parado, llorando, mientras le goteaba sangre del rostro me llenó de ira.

Unos días más tarde, estaba cruzando la 18.ª Avenida de regreso a casa desde la escuela, cuando giré a mi derecha y vi cómo otro niño de mi curso mantenía contra una pared de ladrillos a quien parecía ser mi hermano. Furiosa, dejé caer mi mochila y comencé a correr hacia mi hermano. Ivan tenía el puño cerrado y se había parado firme como para darle un golpe cuando se dio vuelta y me vio correr hacia él. Cuando soltó la camisa de mi hermano y comenzó a correr, el miedo cubría su rostro.

El viento me llevaba con rapidez. Cuando me acerqué a Ivan, lo tomé por la espalda con ambas manos y lo sacudí, y lo arrojé contra la pared de un edificio. Podía sentir cómo la furia crecía en mí. Mi pecho palpitaba. Mi ira se sentía casi animalesca cuando cerré mi puño con firmeza y tomé impulso con mi brazo. Con mi antebrazo izquierdo, tenía el cuello de Ivan contra la pared y podía verme golpearlo en la nariz como Henry había hecho con mi hermano. En mi mente, ya estaba cubierto de sangre.

Marc me había alcanzado. Podía oírlo implorarme que lo golpeara. Los ojos de Ivan se llenaron más de temor ante la obvia expectativa de que un andrógino peludo lo golpeara en el rostro. Cuando se preparaba para el golpe, dejé de presionar su cuello y abrí mi mano. No pude golpearlo.

"Si alguna vez tocas de nuevo a mi hermanito, voy a romperte los huesos, hijo de puta. ¿Me escuchas? ¿Me escuchas, pedazo de mierda? Lo juro por Dios, te encontraré y ni te darás cuenta de que llegué.

Te lastimaré. Te lo prometo. Jamás, jamás vuelvas a tocarlo", le dije, mientras llenaba mis dos puños con su camisa y lo empujaba de nuevo con fuerza contra la pared. "Recoge tu mochila, Marc. Nos vamos a casa", le dije, y Marc y yo caminamos por primera vez juntos a casa.

El verano de 1979

Con mi bicicleta recorría toda la ciudad. Adoraba mi Schwinn azul de diez velocidades y la cuidaba mucho. La mayoría de las veces terminaba en el parque, recorriendo los senderos, mirando a la gente pescar y pasando tiempo junto al agua. El aeropuerto La Guardia estaba del otro lado del parque. Disfrutaba apoyar mis antebrazos contra el alambrado oxidado, balanceando mi cuerpo sobre el asiento de la bicicleta, y ver despegar y aterrizar tanto a aviones pequeños como grandes. Desde allí los atardeceres eran espectaculares. Cuando cerraba los ojos, me concentraba en el calor del sol sobre mi nariz y los sonidos que hacía la bahía cuando su cuerpo salpicaba juguetón contra las enormes rocas que se erigían cual guardianes alrededor del borde del parque.

"Oye, ¿no te llamas Lisa?", me dijo. Su nombre era Melanie. Iba a mi escuela, pero estaba en otro curso del octavo grado —por suerte, no el de Scott—.

Cuando la oí llamarme, estaba inclinada sobre el alambrado. Me quedé congelada un momento, sin estar segura de qué sucedería a continuación. Tan acostumbrada a los ataques como estaba, vacilé y respondí de manera cortante: "Sí, ¿por qué quieres saberlo?".

"Solo queríamos saber si querías montar en bicicleta con nosotras".

Melanie estaba parada entre unas cinco niñas. Las reconocí a todas. Todas iban a mi escuela y estaban en el mismo curso. Siempre consideré que esas niñas tenían más suerte que yo porque su curso parecía mucho más calmo y armonioso que el mío. Parecía que mi aula estuviera llena de pendejos. A ninguno de los maestros les gustaba tener que lidiar con nuestro curso y nos lo hacían saber. Con frecuencia nos comparaban con el de Melanie. Incluso en aquella época me resultaba fácil entender por qué.

"Oh, no, gracias. De todos modos, ya tengo que volver a casa", le dije mientras comenzaba a acomodarme de nuevo en mi bicicleta.

"Pues montamos en bicicleta aquí todos los días, así que, si quieres, reúnete con nosotras mañana después de la escuela y montaremos juntas", me dijo.

El año escolar ya casi terminaba. Ese año me había afectado y por fin estaba en una situación en la que me sentía cómoda con el rótulo más reciente de mi madre. Hacía poco había comenzado a llamarme "ermitaña". Busqué la palabra en el diccionario Webster's y encontré que el nombre no me ofendía, como pensaba que habría podido hacerlo. Aprendí a apreciar estar sola. Tenía menos miedo cuando solo estaba en compañía de mí misma.

Esa noche, cuando volvía a casa del parque, percibí cómo un inquietante sentimiento familiar comenzaba a surgir dentro de mí. ¿Y si Melanie era buena? ¿Y si Melanie era auténtica? ¿Y si Melanie en serio quería ser amiga mía? ¿Y si intentaba una vez más ser amiga de alguien? Ya llegaba el verano y quizá, tan solo quizá, esta vez podría pasar un verano excelente. El año escolar estaba terminándose, así que si Melanie y sus amigas me lastimaban, no tendría que verlas de nuevo en la escuela primaria. Y nunca tendría que ver de nuevo a los niños de nuestro curso, aunque esto se tratara de algún tipo de trampa… esas eran las ideas que merodeaban mi cabeza camino a casa esa noche.

Me resultó imposible sacarme de la cabeza a Melanie y sus amigas. Recuerdo estar sentada en mi cama, mirando por la ventana de mi cuarto, intentando concebir un plan. Estaba segura de que había una forma infalible de asegurarme de que esta cuestión de la "amistad" pudiera funcionar. La sinceridad y la vulnerabilidad me habían estallado por completo en el rostro. Contarle a Janice quién era yo en realidad había demostrado ser un desastre emocional. Ser abierta, directa y generosa casi me había destruido. Pensaba: debía de haber otra manera de tratar con las personas que quisieran conocerme.

Entristece incluso hoy en día, a la mujer sabia que soy, que escribe sin fin en este teclado, mirar en la profundidad de la pantalla de esta computadora y ver en su memoria con cuánta desesperación mi mente infantil intentaba hacer una amiga y conservarla. La solución que se me ocurrió para mi dilema no fue una de la cual me enorgullezca. De hecho, sigo sintiendo el ardor de la vergüenza, la culpa y el remordimiento por cómo decidí tratar a Melanie y sus amigas. Sin embargo, estoy agradecida por el ser espiritual que soy, pues a través de los ojos de mi espíritu encuentro perdón por la realidad de la niña que una vez poseí.

Diseñé lo que, según creí, era un plan brillante. En lugar de revelarle mis verdaderos sentimientos a Melanie, con la esperanza de evitar sentirme vulnerable de nuevo, decidí fingir ser por completo lo opuesto a quien yo era. En lugar de mostrarme insegura, mentiría y fingiría ser quien, a mi parecer, esas niñas podrían pensar que era genial. Me convertiría en alguien con quien yo pensaba que querrían seguir siendo amigas. Como esas niñas no estaban en mi curso, poco sabían de mí, así que suponía que todavía no sabían que mis compañeros de clase me consideraban una fracasada.

El día siguiente fui con mi bicicleta al parque y encontré a Melanie y a sus amigas. Melanie me saludó enseguida con una gran sonrisa y me incorporó al grupo. Intenté no verme nerviosa mientras me presentaba a todas sus amigas. La verdad es que estaba aterrada. Por supuesto, ellas nunca habrían podido saberlo. Mi conducta era tranquila, sobria, controlada. Sin decir todavía una palabra, ya había comenzado a mentir.

Por alguna razón, Melanie era en particular amable conmigo. Se esforzaba por casi protegerme, en este grupo cerrado de colegialas católicas. Me llamó por la noche para asegurarse de que hubiera llegado a casa y se esforzaba por llamarme a casa los sábados por la mañana para asegurarse de que estuviera planeando reunirme con el grupo para pasar tiempo juntas. El cariño que Melanie me demostraba hizo sentir celosa a una de las otras niñas del grupo —tan celosa, de hecho, que una tarde en el parque, mientras Melanie y yo jugábamos en un columpio de metal, Leigh arrojó el columpio de al lado contra el nuestro mientras volábamos hacia atrás y adelante por el aire—. El asiento de metal me golpeó en el lado derecho de la cabeza. Fueron necesarios nueve puntos para cerrar la herida abierta.

No pasó mucho tiempo hasta que la culpa comenzó a carcomerme el estómago. Semanas después de haberme hecho amiga de esas niñas en verdad maravillosas, ya había cavado mi propia fosa llena de mentiras. Mentía sobre todo. Mentía sobre mi relación con mi madre. Les decía que nos llevábamos de maravilla y que con frecuencia íbamos de compras juntas. Les decía que mi papá llevaba a nuestra familia a cenar una vez a la semana y que habíamos ido muchas veces de vacaciones con la familia. Les decía que tenía un tío rico que era muy generoso conmigo. Incluso mentía sobre cosas como la comida que preparaba mi mamá para cenar.

Melanie no solo era amable; también era generosa. Mis padres no veían la necesidad de que mis hermanos y yo tuviéramos un dólar en el bolsillo. Así que, cuando Melanie y las niñas sentían sed y querían parar a tomar algo en la tienda de la esquina, yo fingía no tener sed porque no quería que supieran que no tenía nada de dinero. En muchas ocasiones, Melanie salió de la tienda no con una, sino con dos botellas de gaseosa fría: una para ella y una para mí, la niña que mentía sobre todo.

Para cuando entendí que Melanie y sus amigas eran auténticas y que yo no necesitaba fingir ser algo que no era cuando estaba con ellas, la soga ya estaba demasiado ajustada en mi cuello. Me dije que ya no quería mentir y rogué que hubiera alguna manera de volver el tiempo atrás y comenzar de nuevo con mi amistad. Me sentía avergonzada por mentirle a alguien tan amable, dulce y cordial como Melanie. Me odiaba por traicionarla.

Había tomado la decisión consciente de dejar de mentir. Recuerdo con claridad haber estado enojada conmigo misma por haber elegido mentir, para empezar. Todas mis razones para querer mentir parecían haberse disparado a algún lugar de la estratósfera. Ahora no podía justificar una sola razón, lo cual solo contribuía a aumentar la indignación que sentía para conmigo misma.

En aquella época estaba enamoradísima de un niño llamado Andrew Mc Adams. Me gustaba no solo porque era alto, moreno y bien parecido, sino porque también era acomodador en nuestra iglesia. Había adoptado la rutina de ir a misa todos los sábados a la noche solo para ver su brilloso cabello negro o sus abultados bíceps un segundo. Todavía puedo verlo ahí, de pie en el pasillo, con su camisa borgoña oscuro de mangas cortas y sus pantalones grises oscuros. Podría haber estado mirándolo días enteros.

Era una noche húmeda y calurosa. Las niñas y yo habíamos montado en bicicleta unas horas y acabábamos de detenernos en la tienda de la 15.ª Avenida a comprar algo para tomar. Me di cuenta de que Melanie estaba en especial callada y que Brittany y Christine se pusieron junto a ella con sus bicicletas, lo cual me imposibilitó ir junto a Melanie como solía hacerlo. Cuando las niñas entraron a buscar las gaseosas, me fui y avancé por la Calle 124. Estaba preocupada. Sabía que algo había cambiado entre nosotras, pero no estaba segura de qué.

Mientras pedaleaba frenéticamente por la calle, me encontré con Andrew Mc Adams y su mejor amigo, Danny. Sorprendida, pero llena de alegría como la mayoría de las niñas cuando se encuentran con sus amores secretos, me apresuré a volver a la tienda a contarles a las niñas que había encontrado a Andrew y a su amigo. "¡Chicas, chicas, chicas…! ¡Adivinen qué! Acabo de encontrarme con Andrew y con Danny. Están en la Calle 124. Si nos apresuramos podemos cruzarlos de nuevo", les dije, jadeando y resoplando, con la esperanza de que todas saltaran a sus bicicletas de diez velocidades y la distancia que había surgido entre nosotras desapareciera en el calor de la noche.

"Seguro, Lisa. Seguro que viste a Andrew. ¿Estás segura de que no era Elvis Presley o Mickey Mouse a quien viste ahí también?", dijo Brittany con sarcasmo, riéndose entre sus palabras, mientras observaba la reacción en el rostro de Melanie. Melanie nunca levantó la mirada.

Sabía que sabían. Sabía que sabían que era una mentirosa. Sabía que se habían cansado. Mientras mi corazón se rompía y mis ojos me dolían por las consecuencias de mis propias acciones, no le ofrecí al grupo de niñas engañadas disculpa o explicación alguna. Conforme empezaba a sentir que caía por un embudo y mi corazón me golpeaba el pecho, me aplasté sobre el asiento de mi Schwinn azul y me fui a casa. No había nadie a quien apuntar con el dedo esta vez, nadie con quien estar enojada. No había nadie a quien culpar más que a mí misma por el dolor que me corría por las venas. Yo había hecho eso.

Llevé mi Schwinn al cobertizo que estaba enclavado en la esquina derecha de nuestro patio y la trabé. Ese verano ya no usaría mi bicicleta. Ya no tenía razón alguna para ir al parque. No podía correr el riesgo de enfrentar a Melanie y a sus amigas. Sentía demasiada vergüenza.

Me hundí en la idea de que mi verano se terminaba esa noche. Tan disgustada con lo que había hecho, decidí, como castigo, quedarme en mi cuarto hasta comenzar la preparatoria en septiembre. Descubrí que me afligía más el hecho de haber herido a Melanie que la vergüenza por todas las estúpidas mentiras contadas. No me importaba que la regordeta de Brittany o la colorada de Christine se burlaran de mí o supieran que había mentido. En última instancia, nunca fueron tan consideradas conmigo como Melanie. Pero herir a Melanie me hizo sentir una basura. Nunca antes me había sentido tan avergonzada de mí misma. Esa vergüenza no me confundía. Yo me la había provocado y bien consciente estaba de haberlo hecho. No obstante, la opinión que mi madre tenía de mí me consolaba. Se sentía adecuada.

Mi plan magistral

Ese verano vi mucha televisión e hice lo posible por mantenerme lejos de mi madre. No le gustaba verme en el sofá mientras limpiaba, así que aprendí a programar mis duchas y mis siestas según su régimen de limpieza. También le dediqué mucho tiempo a pensar. Consternada por los dos años de escuela anteriores, llegué a la conclusión de que necesitaba un plan. La preparatoria estaba a punto de comenzar y en cuatro años me habría marchado.

Llegué a la conclusión de que estaría mejor sola. Hacer amigos no me había dado buenos resultados y estaba cansada del dolor. Llegué a aceptar que mi madre y yo nunca tendríamos una relación íntima, que Marc por desgracia siempre me culparía por cómo mis padres lo comparaban conmigo y que mi padre prefería los elefantes rosas a las niñas y los niños reales. Leslie y yo no teníamos una relación íntima y suponía que, cuando fuéramos mayores, seríamos el tipo de hermanas que se ven una vez al año durante las fiestas, si es que nos veíamos en absoluto.

Me imaginaba yéndome de Queens después de graduarme y trabajando en Manhattan. Me veía sola, en un pequeño apartamento ordenado, con uno o dos gatos. Estaba resignándome a una vida que pasaría en soledad. Me decía que era probable que trabajara en una oficina y fuera fría a propósito con los demás para que nadie intentara acercarse a mí. Esas ideas se convirtieron en el marco sobre el cual construiría mis experiencias durante la preparatoria. Mi programa consistía en entrar y salir, con tan poco contacto con otros como fuera posible.

Esperaba con ansias que llegara el primer día de preparatoria. Era el primer día del comienzo de mi nuevo plan. Me gustaba el plan, y su diseño para mantenerme protegida de otros y de mí misma me consolaba. Me sentía más segura de lo que alguna vez me había sentido, porque mis objetivos eran claros. Mi intención era permanecer tan distante de mis compañeros como fuera posible y pasar los siguientes cuatro años lo más rápido posible. Ahora no necesitaba armadura. Nadie podía lastimarme porque no tenía intención de darle a nadie la posibilidad de hacerlo.

El primer día de escuela llegó y pasó, como el segundo, el tercero y el cuarto. Me alivió descubrir cuán fácil era no hacer amigos cuando no quería. Con mi plan a la vista, ahora peleaba también menos con mi madre. Ya no me importaba si tenía una buena opinión de mí o no. Ahora yo no tenía una buena opinión de ella y había llegado a la conclusión de que, después de terminar la preparatoria, no tendríamos razón alguna para volver a hablarnos. Aprendí a aceptar que el verdadero amor de mi padre era el dinero y que era una pérdida de tiempo esperar que escuchara en serio cuanto yo tuviera para decir. Y si bien deseaba que mi hermano pudiera ver cuánto lo quería, tenía que aprender a aceptar que nunca podría comprobarlo por su resentimiento para conmigo. Consideraba a mi hermanita Leslie tan perfecta que todo lo que podía hacer era desearle lo mejor y dejarla en paz. Le iba bien sin que yo estropeara su vida.

La indiferencia se sentía muy bien. No preocuparme porque me quisieran me daba una agradable sensación de alivio de la constante angustia. Nunca esperé que mis planes cayeran en picada, como sucedió. Mi plan era excelente, o eso creía.

Se llamaba Karen

Todos los estudiantes del primer año debían prestar servicio comunitario. Parte de la calificación general que se les daba a los estudiantes del primer año en la clase de Religión dependía de la cantidad de horas que trabajaran como voluntarios en sus comunidades. Yo estaba considerando la posibilidad de donar mis servicios a la biblioteca pública local. Nunca había visto una sonrisa en los rostros de las personas que trabajaban allí. Por esa razón, me imaginé que la biblioteca encajaba bien en mi plan magistral de entrar y salir con tan poco contacto con otros como fuera posible hasta tener la edad suficiente para irme de la ciudad. Mi pequeño apartamento de Manhattan y mis dos gatos me esperaban.

La preparatoria para niñas a la que iba estaba cerca de casa. En la preparatoria me sentía mucho menos intimidada que en la primaria. Sin lugar a dudas, saber que no tendría que tratar con varones que me compararan con otras niñas contribuía a reducir los temores de comenzar en una escuela nueva. Sin la necesidad de protegerme con una armadura, terminé en cambio por conformarme con las anteojeras. Los días de escuela típicos pasaba las clases sin problemas, con la mirada al frente, en apariencia no consciente de las niñas que me rodeaban.

Mi plan estaba funcionando bien. Cada vez iba sintiéndome más cómoda. Cada día que transcurría iba sintiéndome más segura de que ser una ermitaña antisocial era el camino correcto para alguien como yo. Aprendí a aceptar que no encajaba y fui haciéndome cada vez más a la idea de que, en última instancia, quizá fuera una alienígena a quien su nave nodriza había abandonado. Llegué a la conclusión de que, para mantenerme viva en este planeta, tendría que abandonarlo, al menos en el aspecto mental y el emocional, y encontrar otro lugar donde existir hasta morir.

Estaba volviendo tranquila a casa como de costumbre cuando oí: "¡Espérame!". Fingí no oír la voz que estaba detrás de mí mientras cruzaba la 15.ª Avenida. Manteniendo el paso, no miré hacia atrás, ni siquiera cuando oí: "¡Vamos, espérame! Quiero preguntarte algo. Estás en mi clase de religión". Antes de que terminara la oración, estaba parada junto a mí. Era una niña baja de cabello rubio ondulado y ojos azules. Se llamaba Karen.

"Hola. Me llamo Karen. Tú te llamas Lisa, ¿no?". Asentí con la cabeza y comencé a sentirme más y más incómoda. Karen habló rápido, con entusiasmo y soltura: "¿Has decidido qué vas a hacer para el servicio comunitario? Quería preguntarte porque yo y Casey ingresamos en el cuerpo de ambulancieros. Armamos nuestro propio equipo, pero necesitamos una persona más para completarlo. Ah, y a propósito, no estaba persiguiéndote. Vivo en la calle 126. De hecho, esa es mi casa. Casey también vive en la calle 126. Pero sobre la 22.ª Avenida. Tú vives en la calle 126 sobre la 20.ª Avenida, ¿no?". Me sentí bombardeada por su tiroteo de preguntas y me sorprendió que supiera dónde vivía. Nunca antes le había prestado atención a esa niña.

No sabía qué pregunta responder primero. No quería tener que responderle en absoluto, pero estaba en mi campo visual y con su charla me había arrancado las anteojeras de la cabeza. "Mmmmh, no... en realidad todavía no elegí una opción de servicio comunitario", le dije.

"Pues mañana por la noche, en la 18.ª Avenida, hay una reunión para los miembros nuevos del cuerpo de ambulancieros. A mí y a Casey nos gusta mucho. Es divertido. Van a enseñarnos a prestar servicios de primeros auxilios y, si queremos, al final podemos ir en la ambulancia como socorristas e incluso podemos participar en competiciones. ¿Qué te parece?".

La pregunta mágica: "¿Qué te parece?". ¿En serio quería saber qué pensaba en ese momento? Mi mente se columpiaba con saña sobre un trapecio, mientras mi alma comenzaba a restregarse el sueño de los rabillos de sus ojos. Insegura de mí misma, empezando a sentirme aturdida por ese agujero que Karen acababa de perforar en mi bote salvavidas, decidí no responderle hasta haber recuperado el equilibrio sobre el barco. "¿Puedo responderte mañana? Dijiste que estabas en mi clase de religión, así que mañana te diré qué quiero hacer".

Karen caminó conmigo, hablando sin parar, mientras yo la escuchaba en silencio. Con el temor de decir alguna estupidez o ser cruel sin necesidad con esa niñita feliz y poco intimidante, mantuve la boca cerrada y me limité a saludarla con la mano cuando giraba el picaporte de la puerta delantera y entraba. "Mañana nos vemos, Lisa", me dijo.

Cuando eres una niña que se siente perdida en sus propios zapatos, la posibilidad de partirte en dos está en todo, incluso en las situaciones más mundanas. Cuando eres una niña que siente que la han prendido fuego y está ardiendo desde su interior, tus ojos no pueden evitar estar en guardia en busca del siguiente chorro de gasolina. Cuando eres una niña con un alma más grande que su cabeza, nacida en un mundo que en su conjunto solo puede ver cabezas, te sientes a la deriva todos los días. Cuando eres una niña que ha cobrado la consciencia intelectual de que el mundo que la rodea no puede verla y ella no puede evitar percibirlo, es imposible no sentir que el temor es tu hermano gemelo.

Cuando pienso en aquella época, me entristece lo abrumadora y avasallante que se sintió en ese momento esa simple interacción con Karen. Karen, tan llena de vida, tan carente de reservas, tan abierta, me hizo sentir que alguien había atizado las llamas de mi interior. Acababa de acostumbrarme a la cómoda idea de ser de hecho una ermitaña y vivir mi vida en soledad, desprendida de la necesidad de tratar con otras personas. Este no era mi planeta. Era una alienígena. Era diferente de todos los que me rodeaban. No solo era odiosa, sino que muy, muy dentro de mí, había llegado a la conclusión de que estaba llena de defectos. El indicio de mi propia valía seguía siendo solo un susurro, y el odio que sentía por mí misma desde que le mentí a Melanie no había hecho más que disiparlo.

Día por día

No podía oír el ruidoso deseo de mi alma, pero podía sentirlo. Mientras caminaba a casa ese día después de reunirme con Karen, intenté con desesperación que mi alma dejara de bailar. Mi mente por fin se había puesto cómoda y había logrado hacer dormir a mi alma. Mi mente estaba contenta con su nuevo programa. Sin embargo, por los golpes que daba mi corazón, mi alma parecía tener otros planes.

"Hola, Karen", le dije cuando la saludé en la clase de religión al día siguiente. "Mmmmh, llegué a la conclusión de que quiero ir a echarle un vistazo al cuerpo de ambulancieros después de todo".

La noche anterior, acostada en la cama, tomé algunas decisiones sobre el rumbo que seguiría mi vida. Opté por aceptar la oferta de Karen y echar un vistazo al cuerpo de ambulancieros, estrictamente con el propósito de conseguir los créditos necesarios para mi nota de religión. Y después de haber cumplido con ese requisito, mi relación con Karen terminaría. Mientras tanto, me prometí que nunca le mentiría sobre nada, fuera importante o insignificante. Si bien no tenía expectativas de formar tipo de relación alguno con ella fuera del cuerpo de ambulancieros —mi corazón estaba tan herido por la manera en que había engañado a mi otra amiga ojizarca— hice la solemne promesa de respetar la relación que surgiera entre Karen y yo.

La sala olía a curitas nuevas. Las paredes estaban recubiertas de paneles de imitación de madera marrón oscuro y había trofeos de todos los tamaños en una vitrina colocada en una de las esquinas de la sala. La bandera estadounidense colgaba de un asta inclinada hacia una mesa plegable blanca abierta. Georgia, la directora del escuadrón juvenil, estaba sentada en una silla plegable de metal marrón claro frente a la mesa. Había algunos otros niños de mi edad, pero solo reconocí a

Karen y a Casey. Casey estaba en mi salón de clase.

Georgia era una mujer de aspecto amable con una amplia sonrisa. Sus ojos eran de un azul claro sin variaciones y tenía el cabello corto y demasiado canoso para su edad. Llevaba una camisa blanca de uniforme con un suéter de cuello de tortuga blanco que se asomaba a la altura del cuello. Ambos hombros de su camisa estaban cubiertos de distintivos de primeros auxilios. De su cuello colgaba un cronómetro atado a un grueso cordón negro. Junto a ella estaba parado un hombre de aspecto cansado llamado Phil. Era el ayudante de Georgia. Georgia era la directora y entrenadora del equipo del escuadrón juvenil de voluntarios.

Mantuve el silencio mientras escuchaba con atención qué se esperaba de mí como voluntaria. Mi intención era hacer lo que tenía que hacer y nada más. Pero conforme avanzaba la reunión, comencé a darme cuenta de que mientras Georgia me daría con gusto su firma para que pudiera cumplir con el requisito de mi clase de religión, lo que en realidad buscaba en los niños de la reunión era un compromiso de incorporarse a su escuadrón de primeros auxilios dedicado a la competición. Karen y Casey ya se habían inscrito como miembros.

Después de terminar la reunión, Georgia se esmeró en saludarme en persona. "Hola. Tú debes de ser Lisa. Karen me dijo que ibas a ingresar en su equipo. Solo necesitamos una persona más para completarlo. Creo que es maravilloso que hayas decidido ingresar", dijo, mientras se acercaba para darme la mano.

Dentro de mí comenzaron a arremolinarse muchísimas emociones. Me esforcé por no salir corriendo por la puerta principal, con la sensación de que estaba comenzando a arrastrárseme a relaciones para las cuales no era competente. Ya me sentía inquieta por estar en la misma habitación que la pequeña niña rubia que conocía mi nombre. Me sorprendió oír que Karen ya me había comprometido con el equipo. Giré para mirar a Karen. Estiró amplia su sonrisa y con una voz infantil dijo: "¿Por favoooooooooooooooor?".

Sin esperarlo, lancé una ruidosa risita tonta por la cara sonsa de Karen mientras pronunciaba con lentitud las palabras "por favor". Era poco común que me riera. La alegría, la estupidez y la felicidad no eran emociones a las cuales estuviera acostumbrada. "Es sí, ¿no? Te reíste, así que eso significa que vas a participar, ¿no?", dijo Karen, mientras saltaba de arriba abajo, estirada, sujeta a mi antebrazo mientras se sacudía en el aire. Que me tocaran jugando no era algo a lo que estuviera acostumbrada.

"Bien, bien, bien… voy a participar", respondí. Por primera vez en mucho tiempo me encontré nadando con la corriente en un arroyo descendente. Reírme me tomó por sorpresa y me hizo aterrizar en un lugar emocional que se sentía ligero —y, mejor aún, lleno de posibilidades—. No era Karen la única que me hacía sentir bien. Me di cuenta de que todos los miembros del cuerpo de ambulancieros parecían ser lo opuesto a populares. A cada una de las personas a las que vi ahí se la habría considerado un bicho raro o un ratón de biblioteca. Nadie ahí era en particular hermoso, tenía un cuerpo esbelto o parecía engreído. Georgia era increíblemente atrayente y lo que más me llamaba la atención sobre ella era cuán presente podía hacerme sentir. Ni Karen ni Georgia podrían haberlo sabido, pero cada una de ellas, a su manera, me había despertado interés por vivir la vida de una manera nueva. No estaba segura de cómo iban a salir las cosas, pero por el momento, de todos modos, no me importaba. Georgia, quizá por percibir dudas en mí, me colocó con delicadeza la mano sobre el hombro, me dio palmadas ligeras y me dijo: "No te preocupes por nada, Lisa… vayamos día por día".

Mi cambio de perspectiva

Al día siguiente, temprano por la mañana, encontré a Casey esperándome frente a mi casa. "Hola, Lisa. ¿Quieres que vayamos juntas a la escuela?", me preguntó.

Mientras caminábamos una junto a la otra y Casey charlaba sin tregua sobre los muchachos guapos que habían estado en la reunión la noche anterior, lo único en lo que podía enfocarme era en mantener la calma. Casey nunca habría podido saber cuán extraña me sentía en mis propios zapatos. Por el temor de decir algo equivocado, la escuché sin decir una palabra hasta nuestra siguiente parada, la casa de Karen.

Karen estaba afuera, esperándonos a Casey y a mí. Parecían encontrarse con habitualidad en estas caminatas matutinas. Nerviosa, me mantuve callada todo el camino a la escuela. Podía oír a mi mente hablar consigo misma, advirtiéndose que no mintiera o se comportara con arrogancia como lo había hecho en el pasado. Mi alma bailaba dando brincos. Podía sentir cómo su expectativa ante la promesa de nuevas amistades crecía dentro de mí. Mi mente hacía lo posible por equilibrar el temor con la esperanza y el toque justo de indiferencia. Para que esas nuevas amistades sobrevivieran, debía dominar mis miedos y alejarme de la desesperación. Me decía que no cayera, como si estuviera aprendiendo a caminar por primera vez.

Agradecía que Casey fuera tan conversadora y Karen tan enérgica. Entre ambas, pude mantenerme como en papel de observadora durante muchas semanas. Mis ideas sobre el mundo en el que vivía estaban cambiando con rapidez. El verano anterior había decidido seguir siendo una ermitaña de por vida. Unos pocos meses más tarde, no solo estaba haciendo amigas, sino que ahora era miembro de un equipo de escuadrón juvenil de competición. Como las capas de una cebolla, mis nociones sobre los otros, sobre el mundo e incluso sobre mí misma se levantaron y se transformaron. Estaba tan acostumbrada a nadar contra la corriente que me era incómodo este nuevo camino que me jalaba hacia delante.

No podía verlo, pero sentía que no estaba sola. Conforme hacía cuanto podía para acomodarme a esos nuevos días, sentía como si tuviera una porrista invisible animándome en algún lugar dentro de mí. Era como si hubiera una parte más madura, mucho más sabia de mí que me instruyera sobre cómo enfrentar esos delicados días de novedad. Con frecuencia oía una voz en mi cabeza que me ayudaba a superar los momentos de angustia. La voz me decía que me calmara, estuviera tranquila y me relajara. La voz me instaba a no intentar ser alguien o algo que yo no era. Y si bien todavía no sabía quién era, la voz me animaba con suavidad a simplemente seguir nadando con la corriente.

De a poco, mis ideas sobre el mundo comenzaron a cambiar. Ya no segura de que terminaría siendo una vieja con un gato en un apartamento de un ambiente de Manhattan, surgieron en mí nuevas ideas conforme comenzaron a aparecer emociones alegres. Aprender a estar tranquila no era fácil. Olvidarse de lo pasado era como aprender a quitarse una capa de piel vieja. Les había tomado cariño a los callos que me habían protegido tan bien, y sin embargo no podía ignorar el estruendoso deseo de mi alma por establecer conexiones con otras personas. A pesar de cuánto me esforzaba por hacer que mi alma no deseara, con la promesa en el horizonte, era imposible mantenerla dormida ya.

Mantenerme indiferente a las percepciones que mi madre tenía de mí —o las percepciones que yo suponía que tenía de quien yo era— era más fácil, pues el cuerpo de ambulancieros consumía gran parte de mi tiempo ahora. Georgia pidió que pasáramos al menos tres noches a la semana en el cuerpo de ambulancieros, practicando para la próxima competición de primeros auxilios en asistencia de emergencia. Karen, Casey y yo pasábamos más tiempo juntas durante los fines de semana y en la escuela comenzamos a juntarnos a comer en el comedor con regularidad.

Me faltaba mucho, pero en poco tiempo había llegado lejos. No entendía de manera consciente en ese momento cuán valiente era mi corazón de pequeña niña. Por aquel entonces, solo estaba tratando de encontrar una forma de meterme en un mundo que, de tantas maneras diferentes, en tan pocos años, había rehusado dejarme entrar. Para la época en la que tenía trece años, había resignado el resto de mi vida a un destino de soledad. La vida me había dejado sin aliento, desilusionada e indignada. Herida más veces de las que me interesaba recordar, mi alma magullada necesitaba descansar. Mi mente no podría haberse sentido más estupefacta por la resistencia del alma de mi ser conforme se despertaba una vez más ante la posibilidad de sentir amor.

Rosey

Casey iba a cumplir trece años. Iba a hacer una pijamada para celebrar. Cuando me invitó, me corrió frenético un escalofrío de duda de arriba abajo por la espalda. A pesar del temor, acepté la invitación. Era reticente a ir, porque iban a ir chicas a las que no conocía. Recién hacía poco había comenzado a acostumbrarme a mi nueva amistad con ella y con Karen. Conocer a sus otras amigas y tener que pasar toda una noche con ellas me inquietaba. Nunca antes había dormido fuera de casa.

Fui a la casa de Casey sintiéndome como una tortuga con el cuello trabado fuera de su caparazón. No obstante, estaba agradecida de no sentirme como un guerrero que necesitaba tomar un escudo. Había aprendido que mantenerme callada era eficaz para calmar la angustia. Cuando no hablaba, no revelaba ninguna de mis vulnerabilidades; tampoco alardeaba sobre cosas que nunca habían sucedido. Descubrí que en boca cerrada no entraban moscas y mantuve el silencio mientras las amigas de Casey llegaban a la puerta una a una, con sus bolsas de dormir y sus almohadas plegadas con prolijidad bajo sus brazos.

Había una niña del grupo que era muy graciosa. Desde el momento en el que llegó, estaba mofándose de sí misma de una manera que nos hacía partirnos de la risa. Era una chica regordeta que usaba anteojos y tenía mucho acné. Me sentí impresionada por cuán abierta era esta niña llamada Rosey sobre sus defectos. Al principio me sorprendió su humor autocrítico. Como alguien a quien con regularidad agobiaba el temor de que se le expusiera un defecto, me asombraba y casi desorientaba la manera en la cual Rosey señalaba sus imperfecciones.

A Rosey le gustaba divertirse, pero yo percibía heridas profundas que estaba intentando curar, o quizá expusiera antes de que otra persona tuviera la oportunidad de hacerlo. Muy consciente de mí misma, tenía lo que consideraba un enorme grano oculto en el borde de una de mis cejas. Antes de la fiesta me preocupé durante dos días por si alguna de esas chicas a quienes ni siquiera conocía lo advertirían o no. Y ahí estaba Rosey llamándose "cara de cráter" y "muslos abollados" frente a extraños. Quedé sin palabras.

Al final aprendí a reírme junto con las otras chicas del humor de Rosey. Pero no podía evitar la sensación de que, al mofarse de sí misma, Rosey estaba ocultando su dolor. Para el final de la noche Rosey y yo nos habíamos hecho amigas. Era inesperado, sin lugar a dudas, pero no sin justa razón. Por fuera, Rosey y yo teníamos pocas similitudes. No obstante, al nivel del corazón, ella y yo éramos más similares de lo que parecíamos. Tanto Rosey como yo teníamos heridas profundas que necesitábamos evitar que se profundizaran. A diferencia de Rosey, quien había llegado a la conclusión de que mofarse de sus defectos antes de que lo hicieran otras personas dolía menos, yo, por otro lado, creía en mantener mis defectos en secreto.

Por primera vez sentí una conexión instantánea con otro ser humano al nivel de mi corazón. Mis sentimientos por Rosey eran diferentes de los que tenía por Karen. En ese momento no lo entendía, pero ahora creo que mi alma reconoció que a Rosey y a mí nos habían herido de maneras similares y, si bien Karen y Casey me caían muy bien, no tenían las mismas cicatrices que Rosey y yo. Ni Rosey ni yo sabíamos por qué nos entendíamos tan bien. Tan solo nos entendíamos. Conforme avanzó la noche, Rosey y yo terminamos riéndonos a las carcajadas juntas como si nos conociéramos desde que nacimos. Percibía que le resultaba imposible ser cruel. Mi corazón me decía que sabía demasiado bien cómo se sentía "no sentirse suficiente".

¿Quién? ¿Yo?

La vida avanzaba con rapidez en una dirección por completo nueva. Nuestro grupo de tres ahora era un grupo de cuatro. El otoño siguiente, Rosey incluso se transfirió a nuestra preparatoria. En un año, Casey, Karen, Rosey y yo nos habíamos convertido en amigas íntimas. Pasaba cada vez menos tiempo en casa, disfrutando el tiempo que pasaba con mis amigas. Estaba enamorada de sentirme normal y como si, para estas tres chicas, yo fuera suficiente.

Cada vez se volvía más fácil escuchar mis propias ideas sin el eco de la desaprobación de mi madre tamborileando en mi cabeza. Sus opiniones sobre mí habían pasado a ser menos importantes conforme la alegría comenzó a crecer en mi corazón. Abrir mi puerta de entrada para encontrar tres chicas de mi edad paradas ahí para saludarme se sentía como una mañana navideña. Las pijamadas se convirtieron en una rutina, y caminar en la lluvia, en una fiesta absoluta. Ninguna de nosotras era hermosa ni chico alguno de la ciudad nos habría considerado "atractivas", pero ese tipo de cosas nunca nos preocupaban. Tan solo nos encantaba estar juntas.

Unos meses después de la pijamada de Casey, Casey, Karen y yo convencimos a Rosey de incorporarse al equipo del escuadrón juvenil, las "Topetazos y Moretones". Cada equipo constaba de cinco integrantes, uno de los cuales hacía de "víctima". El trabajo de la víctima era quedarse acostada en el piso y representar a la persona con politraumatismo a la cual debía aplicársele triaje y socorrerla. Rosey insistía en ser nuestra víctima y bromeaba con que no consideraba ser muy inteligente y en la escuela primaria había ido a clases de educación especial. Las víctimas no necesitaban memorizar técnicas de primeros auxilios o cómo hacer triaje. Su trabajo era en esencia yacer quietas y dejar que los otros integrantes del equipo las vendaran según la situación de emergencia dada. A Rosey le agradaba la función pasiva.

La quinta integrante de nuestro equipo era una muchacha llamada Carol. Tenía un año más que nosotras y cierta experiencia previa de trabajo en otros escuadrones de competición de nuestro cuerpo. Cuando llegó la hora de que Georgia decidiera quién sería la capitana de nuestro equipo, todas supusimos que cualquiera podía serlo salvo Rosey y yo, pues habíamos sido las últimas dos en ingresar en el grupo. Casey, Karen y Carol habían ingresado en el cuerpo mucho tiempo antes que Rosey y yo. Simplemente tenía sentido que el puesto de honor se le diera a una de las tres.

Georgia se había esforzado en hacernos creer que la función de capitana era importante. También hizo saber que la persona a la cual eligiera como capitana sería alguien que la hubiera impresionado no solo con sus habilidades para brindar primeros auxilios, sino también con su capacidad para mantener el control bajo presión y prestar atención a los detalles, y por sus cualidades de liderazgo. Cuando me concedió a mí ese honor quedé atónita.

La verdad es que quería ser capitana y también merecía la función. Tras ver la oportunidad de sobresalir, dediqué muchas horas de fines de semana y del verano a memorizar *El libro de primeros auxilios de la Cruz Roja Estadounidense*.

Algunas noches incluso no pasaba tiempo con las chicas solo para poder estudiar el manual. Georgia nos evaluaba con frecuencia y no quería defraudarla. La opinión que tenía sobre mí importaba mucho y con el tiempo había cobrado mayor relevancia hasta convertirse en un conjunto de ideas a las cuales me aferraba de buena gana.

Lo que me hacía querer ser parte de Topetazos y Moretones no era solo cuánto me alegraba pasar tiempo en el cuerpo de ambulancieros con mis mejores amigas. No era tampoco solo la posibilidad de estar cerca del nuevo muchacho del cual estaba enamorada, Vinny. Las razones que me hacían querer estar allí eran mucho más profundas.

Georgia era la primera mujer que me había tomado en serio. Y, de hecho, era la primera adulta de mi vida que me había afectado sin tener la obligación de hacerlo y que me trataba, desde el momento mismo de conocerme, como si yo —mi ser interior— importara. Sus ojos me cautivaban y, a la manera en la cual solo un alma delicada puede hacerlo, me hacían sentir acogida, querida y apreciada solo por el hecho de ser un ser humano. Me enamoré de la manera en la cual su rostro encontraba formas de hacerme sentir reconocida, válida e incluso digna. Con sus modos innatos, Georgia me reflejaba el sentido del bien en mi propio interior. Con su reconocimiento a mí como persona y a todo mi esfuerzo, Georgia había contribuido a levantar el velo de invisibilidad que durante tanto tiempo me había cubierto el alma.

Me tomé el honor de ser capitana a pecho. No solo quería hacer sentir a Georgia orgullosa, sino que también quería ser alguien en quien pudieran confiar mis compañeras de equipo. Me aferré a mi puesto de liderazgo y no volví a pensar en el pasado. Mi alma se elevó ante la posibilidad de volar. En nuestra primera competición, las Topetazos y Moretones ocupamos el primer puesto en todas las áreas posibles. No solo tuvimos una puntuación más alta que todos los otros escuadrones juveniles, sino que también derrotamos a todos los escuadrones de adultos. A los ojos del conjunto de bichos raros que se reunieron en ese gimnasio escolar ese día, las Topetazos y Moretones eran como estrellas de rock. Henos allí, un grupo de jóvenes adolescentes no tan bellas de Queens les habían dado una paliza a todos los otros rescatistas voluntarios que tenían mucha más experiencia. Para cualquier persona de la calle, ese evento tendría poca importancia. Pero para nosotras, y en especial para mí, era como ganar la lotería.

Nunca le di a mi madre el crédito que se merecía en aquella época. Conforme crecía mi interés en mi trabajo de voluntaria en el cuerpo de ambulancieros, noté cómo su percepción sobre mí cambiaba. Ahora no había manera de negar que yo fuera importante. A pesar de todas las oportunidades en las cuales mi mamá había encontrado formas de hacerme sentir nula, mi función de liderazgo tanto como mi evidente éxito creciente en el circuito de competición de rescatistas de primeros auxilios eran imposibles de negar. Ningún otro equipo de la historia de esas competiciones había hecho alguna vez lo que mi equipo había logrado. Nuestra puntuación era superior a la de equipos de personas de más edad y con mayor experiencia. Además de arrasar con nuestros competidores, obtuvimos el primer puesto en las competiciones estatales que se hicieron en las montañas Pocono. Nos llevamos a casa el título estatal tres años seguidos.

Percibí cierta incomodidad en mi mamá cuando le conté sobre las prácticas del equipo, las competiciones, los eventos de recaudación de fondos y nuestras victorias finales. Estuve a punto de no contarle que Georgia me había elegido como capitana por el temor, a cierto nivel, de que no creyera que yo merecía serlo. O quizá solo temía sentir que mi puesto de capitana no tenía importancia para ella. La sensación de no ser reconocida no era algo que quisiera sentir.

Costaba ver cuán incómoda se sentía cuando me felicitaba. A mi madre siempre le costaba mirarme a los ojos, a menos que estuviera intentando hacerme sentir que no existía. Me resultó desconcertante ver cuán imposible le resultaba a su alma ver en la mía y felicitarme por algo bien hecho cuando hacía algo bien. Gracias a la calidez de mis amistades y a la valía que me hizo sentir Georgia, olvidar la desavenencia de mi madre para conmigo fue siendo cada vez más fácil. No obstante, nunca perdí el anhelo de que percibiera mi ser en su totalidad. De hecho, sigo sintiéndolo.

A favor de mi madre debo decir que intentó hacerlo. En varias ocasiones, se ofreció como voluntaria para llevar en auto a mi equipo a otras partes de la ciudad donde se hacían las competiciones. Eran jornadas largas y, para quienes no participaban en el evento, eran tediosas y cansadoras. Me encantaba que mi madre viniera con nosotras, a pesar de los fantasmas que dividían nuestra relación. Con todo lo pasado, así y todo quería que estuviera allí. Esperaba que, tras verme en mis mejores momentos, de alguna manera aprendiera a ver lo mejor de mí. Quizá nunca haya podido decirlo, pero sabía que Mamá deseaba poder hacerlo. Sabía que el corazón de Mamá estaba atado. Sabía que ella deseaba que no lo estuviera, pero así era. Y sabía que Mamá no se sentía cómoda con respecto a lo que sentía por mí. En general, podía sentir que Mamá se sentía orgullosa de mí y deseaba que le resultara más fácil expresar su orgullo al nivel del corazón. Sin embargo, yo estaba contenta cuando venía.

Mis padres eran personas también

Mi corazón ya no era el pozo seco que una vez había sido. Había aprendido mis lecciones y las había aprendido bien —al menos las lecciones que, se suponía, debía aprender para esa altura—. La pequeña niña con unos kilos de más que había conocido aquel primer día de campamento tenía razón. Si quieres agradarle a la gente, debes ser simpática. Llegué a entender, al menos al nivel del corazón, que para tener amigos primero tú debes ser un amigo. Dios, el universo, lo que sea, me habían dado muchas oportunidades de hacer amigos. Sin embargo, tenía mi falta de autoestima colgada de la nariz como un cartel de "no hay lugar". No era culpa de nadie el que yo sintiera que mi vida apestaba.

Mis nuevas amigas me habían salvado la vida, literalmente. Mi corazón, alguna vez lleno de oscuro espacio solitario, por fin estaba comenzando a llenarse de luz. Con cada pijamada, cada risita y cada viaje a la pista local de patinaje, me descubrí cosechando semillas de júbilo dentro de mí. El nuevo regocijo de mi corazón tenía largo alcance. Ya sin la sensación de estar atrapada en el vórtice de un tornado brutal, el amor me bendijo con la capacidad de desprenderme de mi atadura a las profundas heridas sufridas que me habían impedido sentirme en verdad querida al nivel del corazón. En mi mente, esas nuevas alturas sublimes me permitían superar mi propio dolor y ver a mis padres más allá de las culpas que les había atribuido.

Cuando sientes tener una hemorragia en el corazón, es casi imposible sentir agradecimiento por la cavidad torácica que lo contiene con tanta perfección. El deleite que encontré en las tonterías de mis amistades me ayudó a detener la hemorragia de mi corazón y, conforme el caudal de sangre iba disminuyendo, fue dejando lugar para más sentimientos buenos. Cuanto más se llenaba de dicha mi corazón, más deseos tenía de sentir alegría. Me resultaba imposible ya aferrarme a la ira. Ahora anhelaba amor, como un lobo anhela carne.

Mis percepciones de la vida y de la gente que participaba de ella cambió con rapidez. Si bien una parte de mi corazón seguía anhelando una relación profunda, directa, auténtica con mi madre y mi padre, estaba aprendiendo a aceptarlos por quienes eran, a pesar de la cantidad de veces que me había sentido rechazada por ellos. Me cuestionaba también si de verdad me habían rechazado alguna vez y sopesaba si en realidad lo que ocurría era que no tenían la capacidad de conectarse conmigo al nivel del corazón. Conforme el dolor de mi corazón disminuía, podía superar viejas ideas y pasar por encima cuerpos inertes de viejas creencias.

Mi madre estaba relajándose conmigo. Podía sentirlo. Seguía habiendo un trato frío entre nosotras; sin embargo, ya no sentía que clavaba sus uñas en mi nuca. Sin la necesidad de estar tan a la defensiva en compañía de ella, pude ver mejor cuán llena de sacrificio personal había estado la vida de mi madre. No era culpa de ella tampoco que su vida apestara. Y si bien nunca admitiría que deseaba que su vida fuera diferente, muy dentro de mí tenía la firme convicción de saber que así era. Más adentro, a pesar de saber que mi madre nunca me miraría a los ojos y me lo diría, sentía que se lamentaba por aquello que nos separaba.

También aprendí a ver más allá de la debilidad de mi padre. No era culpa de él no poder sentir. Me podía imaginar cómo se sintió cuando aquel día, siendo él un pequeño niño inocente, su joven y hermosa madre italiana optó por terminar su vida, y no me agradaba esa sensación. Mi padre era víctima de la falta de amor a uno mismo. La incapacidad de su madre de amar su propio ser en su totalidad le quitó la posibilidad de sentirse lo suficientemente seguro alguna vez como para volver a abrir su corazón. Tan paralizado por el temor del abandono, mi padre rehúsa hasta el día de hoy exponerse a la vulnerabilidad.

Mis padres nos querían de maneras que a ellos mismos no los

quisieron de niños. Sus ideas sobre el amor poco tenían que ver con las palabras, los abrazos o los elogios apropiados. Mi madre me quería cuando se aseguraba de que mi ropa estuviera limpia y planchada. Me quería cuando llegaba en horario a las reuniones con los docentes. Me quería cuando me llevaba a la ciudad a que ajustaran mis retenedores. Me quería cuando encontraba cada Navidad el dinero para compararme el regalo que pedía. Mi madre me quería con su no beber.

Mi padre no era el tipo de persona que fuera a mis obras de teatro escolares o me dijera que era hermosa. Pero era el tipo de papá que los domingos por la mañana se hacía tiempo para llevarnos a mi hermano, a mi hermana y a mí al parque a jugar al escondite. No era el tipo de papá que me motivaba a decirle qué sentía, pero era el tipo de papá que trabajaba siete días a la semana para que pudiéramos ir a escuelas privadas. No era el tipo de papá que me colmaba de abrazos, pero era el tipo de papá que se aseguraba de que no corriera peligro. Mi padre mostraba su amor en el no abandonarme nunca.

Los niños inocentes que eran mis padres merecían algo mejor. Conforme el amor por mis amigas y su amor por mí atizaban con suavidad las llamas de mi alma, me descubrí aprendiendo a querer a mis padres como personas en lugar de quererlos solo como una madre y un padre. Conforme el amor florecía, devoraba viejos dolores como la hiedra cubre una pradera. Era glorioso y amargo al mismo tiempo. Esos recientes cambios de las percepciones de mi mundo y de la gente que lo habitaba debían colocarse en una repisa de mi conciencia en constante expansión. Esas ideas no podía expresarlas. Nadie habría podido entenderlas, de todas maneras. Estaba aprendiendo a convivir con eso.

Una oportunidad asombrosa

Sabía qué estaba haciendo. Casey estaba mintiendo. Nunca la delaté. No quería herirla o hacerla sentir avergonzada como Brittany lo había hecho conmigo. Karen y Rosey sabían también que mentía. Las tres habíamos hablado sobre sus mentiras varias veces. Karen y Rosey pensaban que debíamos confrontarla y decirle que sabíamos. Les recomendé que la ignoráramos y la dejáramos hablar.

Casey mentía acerca de todo. Al menos eso parecía. En nuestras caminatas a la escuela, que ahora incluían a Rosey, contaba fábulas desquiciadas sobre sueños que había tenido y sobre gente que "resultaba ser que conocía" cuando no pasaba tiempo con nosotras. El matrimonio de los padres de Casey estaba pasando por momentos difíciles. Casey nos dijo que creía que su padre podría estar teniendo una aventura. En mi interior suponía que las fantasías de Casey la ayudaban a alejarse de lo que estaba sucediendo en casa, como mis mentiras me habían alejado de mis temores de indignidad.

Las cuatro solíamos patinar con regularidad en la pista local, en el parque Flushing Meadow. Para sorpresa de mí misma, yo era muy buena para patinar. Me encantaba la música a todo volumen, las luces destellantes y la energía de las personas que me rodeaban. Patinar era algo que me salía con naturalidad. Podía darme cuenta de que Casey envidiaba lo bien que patinaba. Karen y Rosey se daban cuenta de eso también. No era solo el hecho de que Casey hubiera convencido a su mamá de que la dejara ir a clases privadas de patinaje y no nos dijera nada al respecto lo que nos hizo cuestionarnos cómo se sentía ella. Comenzó a usar el mismo tipo de ropa que usaba yo e insistía en pasar tiempo a solas conmigo, lejos de Karen y de Rosey.

Por momentos resultaba difícil no hablar con Casey del problema. Mi intención nunca habría sido humillarla o expresar ira hacia ella.

Podía percibir cómo la obsesión de Casey conmigo crecía, a juzgar por la frecuencia con la que me llamaba y me sugería pasar tiempo juntas sin incluir a Rosey y a Karen. Rosey y Karen, por otro lado, tenían cada vez menos tolerancia para sus cuentos desquiciados sobre muchachos que estaban tratando de salir con ella, y sus intentos de manipularme. Karen y Rosey se sorprendían por mi nivel de comprensión y mi falta de ira para con Casey. Deseaba poder decirles que no mucho tiempo antes había sido muy similar a Casey.

Era el final de la segunda hora. A nuestro grupo de inadaptadas se había sumado una nueva amiga llamada Anna, a quien habíamos conocido en segundo año. Anna encajaba a la perfección. Era una chica con unos kilos de más y piel hermosa, deslumbrantes ojos marrón claro y la piel más inmaculada que había visto en mi vida. Era obstinada, inteligente, simpática y no se callaba nada cuando se trataba de encarar problemas de frente. Mientras Karen y Rosey le contaban qué estaba sucediendo con Casey y su comportamiento cada vez más extraño para conmigo, Anna se expresó con libertad con su perspectiva obviamente enfadada de las cosas.

Dejó ver que creía que yo debía hablar con Casey sobre sus mentiras, así como sobre su intento de dejar a Rosey y a Karen fuera del círculo imaginario exclusivo que estaba intentando crear con ella misma y conmigo. Parecía que cuanto más pasiva era mi actitud en referencia a enfrentar a Casey, más firme se ponía Anna. Mientras ambas estábamos paradas frente a nuestros casilleros al final de la segunda hora, Anna me dijo que llegó a ver una fotografía que Casey tenía en su billetera mientras pagaba su almuerzo en el comedor esa mañana. Era una fotografía de una chica y un chico que patinaban en reversa en el pabellón del parque Flushing Meadow. No podía llegar a verse quién era la chica de la fotografía, porque le habían cubierto el rostro con un marcador negro.

Me inquietaba la imagen e iba sintiéndome cada vez más irritada con Anna por la manera en la cual me estaba empujando a hacer lo que ella quería que hiciera. Sin embargo, me mantuve firme en mi decisión de no herir los sentimientos de Casey sobre sus mentiras. A mi modo de ver las cosas, esperaba que fuera solo algo que se sintiera obligada a dejar de hacer, como me sentía yo antes de que Brittany me enfrentara de la manera humillante en la que lo había hecho. Mucho antes de que Brittany me dejara en evidencia frente a Melanie y el resto de las chicas aquella calurosa y húmeda noche, la culpa ya había cambiado mi forma de sentir y de pensar. Por voluntad propia, había decidido dejar de mentirle a Melanie y a sus amigas. No obstante, por desgracia para mí, ya era demasiado tarde. Me mantenía aferrada a la esperanza de que Casey también sintiera el deseo de dejar de mentir por sí sola antes de que cualquiera de nosotras sintiera la necesidad de enfrentarla.

"Lisa, la chica de la fotografía eres tú. Casey te tapó el rostro con un marcador y anda diciéndole a todo el mundo que es ella. ¿Recuerdas esa noche en que ese chico te invitó a patinar? ¿Recuerdas a ese chico muy alto, Albert? ¿Recuerdas la camisa blanca que tenías y los pantalones canela que llevabas puestos cuando todos fuimos allí hace como tres semanas? Pues, esa noche Casey tenía su cámara… ¿recuerdas? Y la fotografía que tomó de ti cuando estabas patinando en reversa con ese chico es la fotografía de la que te hablo. Casey anda diciéndole a sus amigos de otros cursos que ella es la de la imagen, que ese es su novio. Anda diciéndole a todo el mundo que no le gustaba la forma en la que salió en la fotografía y por eso había tapado el rostro. ¿Y? ¿Y? ¿Ahora vas a hacer algo? Casey está volviéndose loca y bien lo sabes y no quieres decir nada. No está obsesionada conmigo, o con Rosey, o con Karen. Está obsesionada contigo y ahora tienes que hacer algo. Esto ha llegado demasiado lejos", prorrumpió Anna con ira.

"Mira, yo sé que todas ustedes quieren que la enfrente", le dije. "Eso lo entiendo, pero no voy a hacerlo a menos que vea esa fotografía".

"Bien. Voy a robarle la fotografía para que puedas verla. ¿ENTONCES harás algo con respecto a sus mentiras?" Anna me forzó a darle una respuesta.

Tenía razón. La chica de la fotografía era yo y había tapado el rostro tal como Anna había dicho. Rosey, Karen y Anna, paradas frente a mí, esperaban mi respuesta mientras sostenía la fotografía en mi mano. Cuando Casey estaba buscando papas fritas en la fila del comedor, Anna abrió la billetera que Casey había desatendido y sacó la foto sin que ella lo supiera. Yo no podía estar enfadada. No podía decir nada dañino sobre Casey. No tenía en mí ni un gramo de venganza o indignación por lo que había hecho. Por el contrario, me sumergí en la tristeza.

Mis amigas tenían razón. Tenía que hacer algo. Pero no tenían razón sobre lo que, según consideraban, yo debía hacer. No quería perder la amistad de Casey como había perdido a Melanie. No quería que Casey se sintiera avergonzada cuando me mirara. Quería que tuviéramos una relación más cercana que nunca, a pesar de lo que había hecho. Quería que supiera que entendía cuál podía ser la razón por la cual había estado contando fábulas, exageradas y fingidas, para ser quien no era en realidad. Mi mayor deseo era ahorrarle la humillación que yo había sentido cuando no fui tan sincera como debería haberlo sido. Por un asombroso, revelador y milagroso giro del destino, en esta situación entre Casey y yo, yo era su Melanie. A mi entender, incluso con mis pocos años de aquel entonces, veía lo que estaba sucediendo como una posibilidad de curar no solo a Casey, sino también parte de mi pasado.

Le saqué la fotografía a Anna y entré en un salón vacío. Las siguientes dos horas no tenía clases, así que decidí sentarme y escribirle una carta a Casey en lugar de enfrentarla cara a cara. Compartíamos la misma aula. Los nombres de ambas comenzaban con la letra C. Escribí la carta y la metí en su casillero para que pudiera leerla sola antes de que yo entrara en el aula. No quería obligarla a tener que pasar por la situación de preocuparse porque yo estuviera ahí parada, quizá juzgándola mientras leía cuanto yo había escrito. Para mí era importante tratarla con dignidad en toda esta red enmarañada de cuentos tristes y desafortunados.

Querida Casey:

Para comenzar esta carta, quiero decirte cuán estupenda creo que eres. Tú, Rosey, Karen y Anna son las mejores amigas que haya tenido alguna vez. Tú has sido en especial cariñosa conmigo. Pasas a buscarme cuando llueve y siempre recuerdas traerme algo de tus viajes con tu mamá y tu abuela. Solo quiero agradecerte por ser tú y por haberme invitado a tus pijamadas cuando apenas me conocías. Fue ahí donde conocí a Rosey y comencé a sentir en verdad una cercanía contigo y con Karen.

Lamento haber tenido que escribir esta carta. Lamento que Anna haya sacado la fotografía de tu billetera. Necesito que sepas que no estoy enfadada en absoluto. No tengo resentimientos y espero que tengas la profunda convicción de que eso es así. Te quiero y creo que eres estupenda a pesar de todo esto.

Quiero que entiendas que entiendo cuál es la razón por la cual a veces sentimos la necesidad de mentir para escapar de nuestras vidas. Quiero que entiendas que yo también he sentido la necesidad de fingir ser una persona diferente por momentos. Mi vida no es ni jamás ha sido fácil. Me he odiado a mí misma y he cuestionado la razón misma por la cual nací. Siempre sentí no encajar o no ser de este lugar. Incluso quise morir de tan sola que me sentía. A veces las mentiras pueden ser como las canoas para nosotras. Nos alejan del dolor de lo que es y nos ayudan a flotar a otro lugar menos aterrador, menos frustrante y menos confuso. No nos damos cuenta en ese momento, pero si bien las mentiras ayudan a nuestras mentes a escapar, lo cierto es que siempre terminan por estropear la realidad. Al final la canoa debe regresar a casa, y cuando lo hace, descubrimos que en verdad no escapamos a nada. Toda la ira, el miedo, la frustración y la desilusión están justo ahí, en la costa, a la espera de que regresemos a casa.

No me importan las mentiritas. No me importa la fotografía. Y no me importa lo que has hecho. Te lo juro y espero que me lo creas. Mi corazón no siente por ti más que comprensión, empatía y perdón. Las personas que mienten no mienten por ser felices. Las personas que mienten están tristes, asustadas, solas, desesperadas e incluso son inseguras. Mi intención no es hacerte sentir peor, sino mejor. Quiero que sepas que te quiero con el alma, a pesar de todas estas tonterías. Para mí no significan nada y lo único que quiero es que nos unan más y nunca nos separemos por ellas.

Por favor, Casey, ni siquiera te sientas avergonzada o incómoda cuando me mires. Ten la convicción de que ya me he olvidado de todo esto. En mi cabeza, es como si nunca hubiera sucedido. A veces necesitamos un llamado de atención para darnos cuenta de que estamos estropeando nuestras vidas. Espero que eso haya sido esta carta para ti. Siempre tendrás un lugar especial en mi corazón. Y quiero agradecerte por darme la oportunidad de ser cariñosa, afectuosa y comprensiva. También me siento muy halagada. Nunca imaginé que alguien me tuviera envidia, a mí, una persona tan extravagante. No estoy segura de qué admiras de mí. Pero me siento agradecida por tus sentimientos hacia mí. Sin embargo, deberías saber que si me consideras una persona fuerte, es porque durante mucho tiempo me sentí mal. Cuando dejé de intentar impresionar a los demás con la esperanza de agradarles y aprendí a ser quien era nada más, Dios me dio a todas ustedes.

Casey, eres digna. Por favor, sé quien eres cuando estés conmigo. Y nunca sientas que necesitas ser una persona diferente de quien eres...

Lisa

Casey estaba llorando cuando entré en el aula ese día. Todavía tenía en las manos la carta que le escribí. Corrió hacia mí, con los brazos abiertos, y se dejó caer sobre los míos. Mientras la envolvía con mis brazos, sentí algo sagrado cubrirnos a ambas. A mi entender, eso no podía haber sido sino un milagro. Me asombraba la posibilidad que se me había dado de curar una profunda herida mía mediante mi perdón a Casey. Necesitaba que Casey entendiera que le agradecía la posibilidad no solo de perdonarla, sino también de perdonarme a mí misma por mentirle a Melanie. Me di cuenta de que cuanto veía en Casey necesitaba verlo en mí misma y también perdonármelo. Durante mucho tiempo me había odiado por mentirles a Melanie y a sus amigas. Ahora entendía que no había mentido por ser mala; había mentido por temor a ser menos digna de lo que otras personas me habrían considerado.

Lo único que podía hacer Casey era lloriquear y, con su boca llena de hojalata, repetir una y otra vez cuánto lo sentía. No quería ni necesitaba que se disculpara. Yo había cometido la misma falta. No sentía tener derecho a juzgarla o a condenarla. A pesar de la cantidad de veces que intenté decirle que no se sintiera mal o culpable, no podía evitar sentirse avergonzada. A partir de ese día, Casey y yo fuimos distanciándonos. Dejó de ir caminando a la escuela con Rosey, Karen y yo, y terminó por renunciar también al cuerpo de ambulancieros. Encontró un nuevo grupo de chicas con las cuales almorzar y con el tiempo nuestra amistad se redujo a un simple saludo con la cabeza en los pasillos de la escuela.

No era cómo esperaba que terminaran las cosas entre Casey y yo. Por mis propias razones egoístas, supongo, quería tener la oportunidad de ser cariñosa con ella después de enfrentarla. Nos consideraba idénticas como dos gotas de agua que habían superado sus inseguridades personales mediante una amistad real arraigada en el perdón. Anhelaba el tipo de sinceridad y compasión que ahora compartíamos Casey y yo, y en secreto rogaba que pudiéramos sobrellevar una amistad a futuro.

Al final, supe que necesitaba entender por qué Casey se había apartado. Sabía que tal vez era más difícil para ella perdonarse de lo que había sido para mí perdonarla.

Perdido y encontrado
Encontrado y perdido

Las cosas me iban muy bien en el cuerpo de ambulancieros. Me sentía llena de vida cuando estaba allí, en el salón abierto con olor a curitas. Cada nuevo día iba enamorándome más de cuán iluminada podían hacerme sentir las sensaciones de satisfacción, aprecio, seguridad y aceptación. Ser integrante de las Topetazos y Moretones me hacía sentir que encajaba en algo. El honor de que me hubieran nombrado capitana no podía sino intensificar mi experiencia allí.

Georgia había logrado armar un segundo escuadrón juvenil de competición de nuestro cuerpo. Se llamaban los "Buscacamillas". Mientras Topetazos y Moretones era un equipo por completo femenino, los Buscacamillas era un equipo por completo masculino. El capitán de ese equipo era un muchacho alto y flaco que tenía una nariz grande con una giba en el medio. Su cabello era negro como la noche y sus ojos eran color chocolate oscuro. Su piel era mediterránea y, por supuesto, grasosa. Parecía sentirse muy orgulloso del estetoscopio que llevaba en el cuello y la cantidad de parches de primeros auxilios de sus mangas. Se llamaba Vinny.

La noche que conocí a Georgia, Vinny llamó mi atención. Estaba sentado sobre el borde de la mesa que se encontraba a su derecha, con un cachete apoyado y el otro en el aire, su pierna colgando sobre el piso mientras sacudía su pie en el aire hacia atrás y hacia delante. Me daba cuenta de que disfrutaba cuanto hacía allí. Tenía un aire de serenidad, o al menos parecía que quisiera que todos los presentes en la reunión creyeran eso de él. No pensaba que fuera guapísimo, como alguna vez había pensado de Scott, pero de todos modos me gustaba. Tenía la sensación de que Vinny también era un inadaptado, a pesar del esfuerzo que hacía por intentar convencer a otros de no serlo.

Justo antes de que yo cumpliera quince años, Vinny me pidió

que saliera con él. Rosey, Karen y Casey habían dado a entender que pensaban que le gustaba. Dudaba en creerles, todavía demasiado insegura como para pensar que podía gustarle a algún muchacho en el sentido romántico. Si bien mi cuerpo había pasado por las transformaciones naturales, ya no tenía el pecho plano y no me veía como un varón desde atrás, la idea que tenía yo de la forma de mi cuerpo lejos estaba de ser positiva.

La noche del 15 de febrero de 1980, Vinny me preguntó si podía acompañarme a casa desde el cuerpo de ambulancieros. Lo habitual era que fuese caminando con Karen, Casey y Rosey, pero esa noche Vinny les preguntó a mis amigas si no había problema con que me acompañara él a casa. Recuerdo haberme sentido de inmediato mareada, como si estuviera inmersa en la niebla. Casi no se sentía como algo real.

A unas cuadras de mi casa, Vinny se detuvo, se puso frente a mí y me miró a los ojos. Estaba nervioso y no dejaba las manos quietas. Era una fría noche de febrero y podía verse cómo escapaban pequeñas bocanadas de aliento blanco de nuestras bocas. Estaba tan nerviosa que creía que iba a orinarme los pantalones. "Me gustas mucho, Lisa, y me preguntaba si querrías salir conmigo", me dijo, ansioso, sin poder mantenerse quieto en el intenso frío. Mi corazón latía con tanta fuerza que bastaba para los dos. Le dije: "Sí, me gustaría mucho". Ambos nos reímos con nerviosismo y bajamos nuestras miradas al piso varias veces, antes de que con timidez buscara tomarme de la mano. Cuando su mano tomó la mía, una ráfaga de atracción sexual adolescente colmó mis venas. Si yo era una mariposa, esa era la noche de mi nacimiento.

Me resultaba difícil contener la emoción. Mis labios se estremecían y mis músculos temblaban, más por la adrenalina que colmaba mi sistema nervioso que por el crudo viento invernal. Por supuesto que culpé a la Madre Naturaleza por mis movimientos involuntarios. Sentía que flotaba por el aire y fui poniéndome cada vez más ansiosa por nuestro primer beso. Nunca había besado a un chico en la boca y la idea de meter mi lengua en la boca de Vinny me aterraba un poco. Me preguntaba qué haría cuando intentara meter su lengua húmeda en mi boca. Me resultaba incómodo pensarlo y me preocupaba que pudiera darme asco cuando lo intentara. Al ir acercándonos a la esquina en la que vivía, mi corazón comenzó a brincar. Casi podía sentir que el beso estaba esperándome en mi pórtico.

Esa novedad estaba precipitándose sobre mí con rapidez. Entre los alegres nacimientos de mariposas de mi barriga, las sombras de la baja autoestima luchaban por levantar sus cabezas. Podía sentir cómo mi antigua forma de pensar esperaba mi caída. Por suerte, el entusiasmo del suspenso siguió dándome suficiente fuerza como para dejar que el cosmos tomara el control de la situación cuando Vinny se acercó a mí y con suavidad deslizó su delgada lengua por mis labios y la metió en mi boca. No fue un beso largo. Estaba contenta de que Karen me hubiera enseñado a besar, solo por si acaso tenía razón y yo le gustaba a Vinny. Mi mente estaba a los gritos dentro de sí misma, con la esperanza de que ni Mamá ni Papá nos hubieran visto a Vinny y a mí besarnos en la puerta de entrada.

El apuro de Vinny me mostró que estaba tan aliviado como yo de haber dejado atrás el beso. Se sintió más como un detalle fino que debíamos superar que como algo romántico o lujurioso. La verdad es que la idea de tener que besar a Vinny me aterraba. Me sentía incómoda en mis propios zapatos y dudaba de si lo besaría de la manera correcta, si había una manera correcta de besar con la lengua. Me gustaba mucho Vinny. Sentía que cuanto teníamos en común era mucho más que solo los títulos de capitanes.

Esa noche, acostada en la cama, tras cubrir mis hombros con la frazada rayada de lana que mi madre había tejido a crochet, le agradecí a Dios no haberme suicidado cuando tenía doce años. Me inundó la felicidad, mientras los punzantes recuerdos del pasado pasaban frente a mis ojos como si fueran segmentos de una película. El recuerdo de la desesperación que había sentido hacía no mucho tiempo parecía un sueño. El contraste entre mi pasado y mi presente… era tan radical; mis sentimientos no podían evitar ser agridulces. Terminé llorando no solo por agradecimiento, sino también por dolor, por la niñita inocente perdida que era, quien una vez se había convencido de no ser nada.

Loca de amor

Vinny y yo éramos oficialmente novios. No estaba segura de qué significaba eso, pero disfrutaba el sentirme especial. Tener novio me había hecho sentir deseada. Tener novio me hizo sentir que llevaba un cartel en la frente que decía: "Mírenme todos… ¿ven?… Alguien cree que valgo algo… alguien me quiere… alguien me necesita… ¿Ven? Sí importo…". En aquella época pensaba que eso era algo bueno. En aquella época, por tener todavía muchos problemas que debía resolver, no era consciente de cuánto había hecho depender mi autoestima de otros seres humanos imperfectos.

Los primeros meses de nuestra relación parecieron un sueño. Dedicaba tanto tiempo a pensar en Vinny que me resultaba imposible concentrarme en mis calificaciones. Tener buenas notas ya no ocupaba un lugar prioritario en mi lista de deseos. Lo único que quería hacer ahora era estar con Vinny. En la escuela, escribía poemas sobre cuánto lo quería y cuán afortunada me sentía por tener en mi vida a un chico tan extraordinario. Escribía sobre cuán perdida me sentía hasta que me propuso ser su novia, y cómo imploraba que nuestra relación nunca terminara. Corría de la escuela a casa y me prendía al teléfono, ansiosa por oír su voz después de un tedioso día de clases. Y, por desgracia, en más ocasiones de las que me gustaría recordar, dejé de hacer cosas con mis amigas solo para estar con él.

Vinny no expresaba sus sentimientos, pero solía encontrar maneras de mostrarme que pensaba en mí tanto como yo pensaba en él… al menos al principio de nuestra relación. Dejaba notitas cariñosas en mi mochila o las metía en los bolsillos de mi abrigo. Dejaba rosas en mi pórtico y con frecuencia me llevaba tarjetas románticas y pequeñas chucherías. Me resultaba imposible contener mi corazón. La atención de Vinny era como agua para mi alma deshidratada. Vinny me conmovía a un nivel que mis nuevas amigas nunca podrían haberlo hecho. Era un punto que se sentía muy cercano a donde guardaba el deseo de que mamá y papá me quisieran. Los sentimientos por Vinny que explotaron en mí parecían subir desde los dedos de mis pies. Y cuando me correspondía con su afecto y su atención, era como si estuviera entrando en esta atmósfera por primera vez, una y otra vez.

Unos meses después de comenzada nuestra relación, Vinny era lo único en lo que podía pensar. Me costaba encontrar un equilibrio en mi vida, de repente completa y en constante expansión. Era consciente de estar pasando menos tiempo con Rosey y Karen, y de que mis estudios habían quedado en un segundo plano. La sinceridad de Rosey y Karen era brutal: me mostraban que, a su parecer, estaba pasando demasiado tiempo con Vinny. Estaba comenzando a sentirme agobiada, como si estuviera perdiendo los filamentos mismos del yo que recién había comenzado a encontrar. Cuando no estaba pensando en cómo complacer a Vinny, me preocupaba por cómo no molestar a mis amigas. Perdía terreno con rapidez y me hundía de nuevo en viejas maneras de pensar que había adquirido de niña. Pero, dado que los personajes de mi vida eran todos nuevos y muy diferentes, las viejas maneras me tomaron muy por sorpresa.

Ahora quería todo. Quería a Vinny y quería a mis amigas, y si bien la atención prestada a mis estudios había disminuido, quería tener buenas calificaciones también. No quería solo competir en los juegos del escuadrón juvenil. Quería ganar. Y no quería solo ganar. Quería obtener el primer lugar. Tampoco quería el primer lugar general; quería el primer lugar en cada juego. Y no quería obtener todos los primeros lugares nada más que en la división juvenil. Quería obtener todos los primeros lugares por sobre los escuadrones de adultos también. Como si por primera vez se infundiera vida en mis pulmones, mis deseos de más surgieron con ferocidad y vigor.

Todavía era demasiado joven como para saber cuán destructiva era mi vida en apariencia maravillosa. Cuando la recuerdo, de mis pulmones mucho más viejos escapan con lentitud intensos suspiros. Ahora me queda todo muy claro: me asombra cuán escurridizo puede ser el amor y cuántas cicatrices puede dejar. O, mejor dicho, cuántas cicatrices puede dejar lo que uno aprende a definir como amor. Cuando arrojaba mis libros sobre la cama y corría a la casa de Vinny, a unas cuadras de la mía, porque él me medía el tiempo para ver con cuánta rapidez podía llegar allí después de la escuela, creía amarlo. Cuando Vinny salía de trabajar temprano y me llamaba para ir a su casa y yo dejaba a un lado a Rosey y a Karen para encontrarme con él, pensaba que lo hacía porque lo amaba. Y cuando veía que solo podía pensar en cómo complacerlo, creía que eso también era amor.

Más o menos un año después del comienzo de nuestra relación, sentí un cambio en ella. Estaba pasmada y muy dolida por cómo Vinny hizo su primer comentario negativo sobre mi peso. Implicó que debería bajar algunos kilos y me dijo que considerara la posibilidad de comer ensalada más a menudo. Me hizo sentir que de repente no era suficiente para él, que estaba dándome menos valor a causa de mi peso. Medía 1,70 metros y pesaba alrededor de 59 kilos en aquella época. Poco tiempo después de su comentario sobre mi peso, comenzó a hacer comentarios negativos sobre mi cabello. No le gustaba cuán "grueso" era y me decía que ojalá fuera más parecido al de otra chica.

Después del primer año de universidad de Vinny, nuestra relación tuvo un cambio radical. Si bien siempre tuvo ciertos aires, después de empezar a estudiar en la universidad fue poniéndose cada vez más arrogante y pretencioso. Parecía disfrutar hablarme sobre "todas las chicas universitarias" que había conocido desde que se inscribió. Entre sonrisas, me contaba sobre los almuerzos compartidos en el comedor con sus nuevos compañeros de clase y cómo incluso había llevado en auto a casa a algunos desde la universidad. Vinny estaba estudiando enfermería y, en aquella época, era el único varón de la carrera.

Cada vez me resultaba más difícil no prestar atención a cómo estaba cambiando. En las competiciones, me ignoraba como si no existiera y hablaba con chicas lindas de otros equipos. Cuando estábamos de nuevo en el cuerpo de ambulancieros, negaba haberme ignorado y me decía que todo era imaginación mía. Me acusaba de ser insegura y me decía que estaba loca. Insistía con que no era culpa suya si las chicas le hablaban y me acusaba de ser poco razonable. En más de una ocasión me dijo que si bajaba algo de peso y cambiaba mi peinado, me sentiría más segura de mí misma y quizá no me preocuparía tanto de con quién hablara.

Pensaba que amaba a Vinny. Y pensaba que amar significaba aguantar cualquier cosa hasta el final, incluso cuando la persona amada me hiriera con sus palabras y su comportamiento. En muy poco tiempo, y sin saberlo de manera consciente, le atribuí de buena gana a Vinny la función de jefe mío. Más preocupada porque otros seres humanos me "aceptaran, validaran y consideraran digna", perdí de vista el dejo de "amor propio, aceptación de mí misma y autoestima" que estaba comenzando a descubrir antes de comenzar a salir con Vinny. Mis sentimientos románticos para con ese chico se adueñaron de mí, como si, a mi entender, él fuera a curar todas las heridas psíquicas que había sufrido de niña, mucho tiempo antes de saber siquiera de su existencia.

Vinny y yo estuvimos en una relación intermitente durante casi seis años. Salimos de manera continua tres y tardamos casi el mismo tiempo en desenredarnos de la vaga red en la que se convirtió nuestra relación. Nos peleábamos con frecuencia. Nuestra relación se convirtió en una montaña rusa, con puntos altos y puntos bajos. Durante los puntos altos, me sentía flotar en una nube y como si algún tipo de fármaco antidepresivo me hubiera elevado hasta ella. Pero en los puntos bajos sentía que todo mi mundo se tambaleaba sobre la cabeza de un alfiler y que el menor desequilibrio hacia la izquierda o hacia la derecha lo haría tropezarse y estrellarse contra el piso. Mis sentimientos para con Vinny me consumían. Con rapidez, ese yo que había llegado a conocer hacía muy poco tiempo comenzó a desvanecerse.

Salí con Vinny hasta mi tercer semestre en la universidad. Durante esos años, estuvimos más separados que juntos. En la universidad, me encontré rodeada del sexo opuesto y la mayoría de ellos estaban más que contentos de conocerme mejor. Más o menos por la época en la que cumplí diecinueve, mi cuerpo se desarrolló. Ya no era una adolescente desgarbada, torpe, de cabello ensortijado; de alguna manera, el tiempo había conseguido convertirme en un ser más femenino y atractivo. A los dieciséis, cambié mis anticuados anteojos por lentes de contacto. También busqué en las revistas de moda consejos para maquillarme y peinarme. Si bien no era lo que la mayoría consideraría hermosa, ya no había posibilidad alguna de que me confundieran con un chico.

La atención que recibí en la universidad me tomó por sorpresa. Vinny y yo íbamos a la misma universidad. Cuando nos cruzábamos en el campus, camino a nuestras distintas clases, nunca se esforzaba en saludarme. Era inevitable que mis compañeros de clase señalaran la indiferencia de mi novio para conmigo. Más de una vez, diferentes chicos me dijeron que, desde su punto de vista, como varones, Vinny no me respetaba. También me dijeron que alguien tan linda y simpática como yo no debería tolerar que se la tratara así.

Anthony era un chico italiano de mi clase de inglés. Un día, mientras yo esperaba bajo la lluvia el autobús que me llevaba a casa después de la clase de inglés, Anthony detuvo su auto en la calle y me hizo señas de que me acercara a la ventanilla del lugar del acompañante. Con la lluvia corriéndome por la nuca y entrándome por el espacio que la separaba de mi camiseta, me incliné hacia el Monte Carlo blanco de Anthony, largo como un barco. "¿Qué haces en la lluvia? Entra. Te llevo a tu casa".

Camino a casa, Anthony me hizo todo tipo de preguntas sobre Vinny. "¿Tu novio conduce? ¿Por qué no te esperó después de su última clase y te llevó a casa? ¿Por qué actúa como si no te conociera cuando te ve? ¿Por qué toleras que te ignore? ¿No te molesta que lleve a otras chicas a casa, pero nunca te lleve a ti? No estarás pensando en casarte con ese estúpido, ¿no? ¿Por qué pierdes el tiempo con alguien que te trata para la mierda y finge ni siquiera verte en el campus?". Las preguntas de Anthony me picaron como avispas entre los ojos.

Tenía razón, tanto como Sal, Gerard, Jimmy y Raphael. Los había conocido a los cinco en diferentes cursos míos de ese primer año de universidad y todos opinaban lo mismo sobre mi situación. Por más que intentara negarlo, la verdad era que, más allá de cuánto amaba a Vinny, él no merecía mi amor. Terminé para siempre con Vinny más o menos para la época en la que cumplí veinte años. Fue una de las decisiones más difíciles que haya tenido que tomar en mi vida. A pesar del hecho de haberme perdido en nuestra relación, a un nivel profundo sabía que merecía más. Terminé mi relación con Vinny, pero no por no amarlo. Terminé mi relación con Vinny porque, si bien creía que me quería, no podía quererme mucho.

Adicciones de chica grande

Cuando era niña, escribía mis fantasías para calmarme. El papel, como gigantes plumas de pavo real índigo hechas para mí, me elevaba y me alejaba de lugares que eran demasiado espeluznantes para las niñas pequeñas. Atrapada y perdida en mi propia mente, las paredes dentro de las que vivía no tenían espejos. ¿Era buena? ¿Era auténtica? ¿Importaba? ¿Era digna? ¿Tenían validez mis sentimientos? ¿Tenía validez yo? Escribir me ayudó a purgar el veneno que se formaba en mí por sentirme invisible. Al final, mi mente encontró otras formas de calmar su angustia. Contar, memorizar y arrancarme el cabello, si bien sonaban como tipos dementes de comportamiento, en realidad evitaron que mi psiquis se partiera. Como pegada a las faldas de mi alma, me aferraba a su yo dormido, más allá de la profundidad de su sueño, a la espera del día en el cual por fin se despertara y me mirara a los ojos.

Vinny y yo no teníamos futuro en realidad. Y a pesar de ser consciente de ello, me dolía el corazón. Como una extremidad imaginaria, lo sentía a pesar de que no estuviera. Todo lo que miraba y todo lo que hacía me recordaba a él. De hecho, siempre estaba en mis pensamientos. Como un fósil grabado en mis neuronas, Vinny estaba ahí.

Había salido de mi vida, pero mis sentimientos residuales para con él seguían estando ahí. Tan acostumbrada a la rutina que desarrollamos a lo largo de los años, me resultaba difícil romper con las costumbres que había llegado a conocer. Por más inviable que hubiera pasado a ser nuestra relación, era lo único que conocía. Los altibajos pasaron a ser un lugar común. Más allá de lo disfuncionales que éramos, era algo con lo cual me sentía cómoda. La verdad es que nuestros problemas eran solo una manifestación de todas las falencias de ambos. En aquella época no lo sabíamos. Cada uno de nosotros, lleno de inseguridades, usaba al otro para ocultar lo que odiaba de sí. Ambos sentíamos que era imposible que alguien nos amara, y cada uno encontraba una forma de hacer al otro responsable de esa carencia. Mientras Vinny jugaba con mis inseguridades para sentirse más confiado, en un esfuerzo por inflar su ego y así anular su propia falta de autoestima, yo imploraba que me aceptara, con la esperanza de que, al validarme, se limpiaran las negras manchas de mi alma. Ninguno de los dos era responsable todavía de su propia valía, por lo cual cada uno manipulaba al otro en lugar de examinarse a sí mismo.

Como una locomotora larga a la cual ahora le faltaban muchos de sus furgones, mi mente sentía que algo estaba mal. Tan acostumbrada a transitar su camino retorcido pero confiable, se sentía confundida y perdida, insegura de cómo llenar los espacios vacíos. Peor aún, el contenido de mis furgones seguía estando ahí, a pesar de que mi furgón Vinny no estuviera. No segura de qué hacer con todos los sentimientos "asquerosos", mi mente hizo lo que siempre hacía cuando estaba tensa. Encontró otra cosa para controlarme, para ofrecerme una falsa sensación de poder sobre mi propia vida.

Sentada en la butaca de la retrospección, me asombro al ver cuántos abismos tenebrosos tuve que enfrentar y superar en mi vida. Cada brecha oscura parecía ser la más oscura que hubiera tenido que enfrentar hasta ese momento, y así y todo, seguían apareciendo agujeros en mi camino conforme los superaba. Tenía la convicción de que aprendía de los errores sobre la marcha, pero aquí sentada, estoy bloqueada por lo poco que en realidad estaba aprendiendo y lo mucho que me faltaba por aprender. Me sentía muy orgullosa de haber encontrado de una buena vez el coraje para poner fin definitivo a mi relación con Vinny, y creía tener una buena opinión de mí misma por haberlo hecho. Pero la verdad era que, conforme una parte consciente de mí misma luchaba por aferrarse al sentimiento de amor propio, otra parte de mí, más profunda e inconsciente, se estremecía por el temor.

Sola —o con el sentimiento de estarlo— la parte más herida de mí no sabía cómo funcionar sin su contraparte disfuncional. Mis heridas necesitaban que alguien les sacara las costras y volviera a ponérselas. No sabía cómo funcionar sin culpar a otra persona por mi carencia o elogiar a alguien por cuando me sentía completa.

Durante los siguientes dos años, caí en lo que solo puedo describir como un pozo negro de ilusiones. Ya grande, me inquietaba qué pensaban de mí los demás. Era consciente de cómo había cambiado mi cuerpo y de que esos cambios estaban llamando la atención de chicos y hombres. Y si bien en muchos sentidos me sentía bien por la atención recibida, a un nivel más profundo seguía indecisa. La dualidad levantaba una vez más su cabeza desafiante, mientras me abría paso por ese terreno turbulento. Comencé a obsesionarme por mi aspecto, y en especial por mi peso. El mensaje que me daba el mundo exterior era que cuanto más delgada estaba, más atención recibía. Cuanta más atención recibía, más valor creía tener. Y así se inició el círculo.

Empezó con cierta inocencia. Después de terminar con Vinny, comencé a correr. Me escuché decir que quería perder algunos kilos que tenía de más. Si bien mis intenciones conscientes eran buenas, los patrones de mis pensamientos inconscientes tenían otros planes. Necesitaba un caballo salvaje al cual domar. Necesitaba algo con lo cual se obsesionara mi mente mientras hacía mi papel de persona aficionada al deporte. Mientras mi vida social, mi vida académica y mi vida familiar continuaban, en los lugares de mí cuya existencia nadie conocía, mi mente se aferraba a su necesidad de obsesionarse, se agarraba de mis buenas intenciones y las prendía fuego.

Durante los dos años siguientes, fui hundiéndome de a poco en una relación de amor-odio con la comida y el ejercicio. Si no restringía en exceso mis calorías, me hacía un festín con ellas. Y cuando no me elogiaba por la buena tarea de hacerme pasar hambre, me culpaba por comer. No podía hacer cuarenta y cinco abdominales. Tenía que hacer 2500. No podía omitir solo una comida. Tenía que demostrarme, por el contrario, que podía pasar un día entero, o dos o tres sin comer alimentos sólidos. Me convencía a mí misma de que era bueno darle descanso al sistema digestivo y ayunar para purificar el cuerpo. Me convencía de que no había nada de malo en omitir comidas, siempre y cuando bebiera té con azúcar y recordara beber jugo de naranja y agua. Mi mente ya no tenía tiempo para anhelar a Vinny. La ocupaba demasiado mi obsesión con qué no comer, qué podía comer y cuándo demonios iba a encontrar tiempo para quemar con ejercicios las calorías consumidas cuando sí comía.

Había encontrado un nuevo furgón en el cual poner toda mi angustia. Mi mente había vuelto a sus modos peculiares. De esa manera podía funcionar, al menos en apariencia. Sin lugar en el cual colocar la angustia resultante de haber aprendido a creer cuando era niña que yo no era digna, mi mente sentía que le faltaba una rueda. Debía tener un lugar donde guardar los fantasmas, los susurros y las desgracias. Conforme seguía sin problema con mis estudios, mi mente existía en dos lugares al mismo tiempo, o quizá en tres. Mientras desarrollaba impresionantes planes de cuidados de enfermería y les despachaba medicamentos a mis pacientes, podía oír cómo se repetía una y otra vez la grabación en las tinieblas de mi mente. Me recordaba contar las calorías del almuerzo y beber solo agua. Me decía que bebiera jugo de naranja si me sentía débil, y me recordaba nuevos ejercicios que podía probar cuando llegara a casa. Me ordenaba que en todo momento tensara mis abdominales e hiciera contracciones isométricas de mis bíceps durante las clases de enfermería. Y cada vez que estaba a punto de olvidarme de pensar en la comida, me recordaba que todavía no era lo suficientemente digna.

La primera bandera blanca

Después de terminar con Vinny, comencé a salir con otros chicos de inmediato. Incluso salí varias veces con Anthony. Tuve relaciones pasajeras con algunos otros chicos de la escuela e incluso salí con el repartidor de pizzas de nuestra ciudad, muy popular y muy polaco. Me asombraba cuántos chicos estaban interesados en mí después de haber terminado con Vinny. Estaba a años luz de mis días de escuela primaria, cuando los niños de aquel entonces no estaban siquiera seguros de que fuera una niña.

Conocí a Steven cuando tenía veintiuno. Recuerdo haber pasado caminando por un edificio nuevo que estaban renovando en la Calle Principal y verlo en un pozo del edificio, donde se instalarían las ventanas delanteras. Habían contratado a la empresa de construcción de su padre para renovar el edificio. Era alto, estaba muy bronceado y no llevaba puesta camisa. Me di cuenta del momento en que me vio, y me sentí atraída hacia él al instante. En aquella época yo tenía dos empleos. Durante la semana trabajaba en una farmacia, y los fines de semana, en una charcutería. Una cálida mañana de sábado, Steven fue a la charcutería donde trabajaba de cajera a comprar botellas de agua fría para él y sus trabajadores.

Parecía tímido. Eso me resultó atractivo. ¡Había sido tan frecuente ver que los hombres me clavaban la mirada como si fuera un platillo suculento! Aprisionada detrás de la caja registradora, me sentía atrapada y abusada cuando diferentes hombres de la fila para pagar me comían los senos con sus ojos o fijaban la vista en mi entrepierna. Odiaba cuando dos o tres hombres de la fila se susurraban entre sí mientras miraban en la dirección en la que yo estaba. Si los hombres se acariciaban sus partes íntimas mientras me daban su dinero, me corrían escalofríos nauseabundos por la espalda. La mayoría de los clientes de la charcutería eran obreros que iban a comprar su desayuno o su almuerzo. Pero el comerme con los ojos no era un rasgo exclusivo de ellos. Me di cuenta de que muchos trabajadores administrativos hacían lo mismo en igual medida, solo que más a escondidas.

La conducta reservada de Steven era refrescante. Su retraimiento me sorprendió e hizo que me interesara más en él. Me agradaba su timidez porque, en verdad, si alguno de los hombres que alguna vez estuvieron en la fila de la caja tuvo razones para ser engreído, él también las tenía. Era un Adonis italiano y me gustaba que no lo supiera.

Steven se convirtió en un cliente frecuente de la charcutería mientras la empresa de su papá trabajaba en el edificio de enfrente. Cuando un domingo a la mañana apareció con una camiseta limpia y un lindo par de vaqueros, supe que estaba interesado en mí. No trabajaba los domingos. Tardó seis meses en invitarme por fin a salir, tres meses después de haberme pedido en un principio mi número de teléfono. El fin de semana que juntó coraje para llamarme a casa e invitarme a salir, casi me había dado por vencida con él. De hecho, ese mismo fin de semana Karen, Rosey y yo fuimos en auto a Southampton, donde conocí a otro chico llamado Carl.

Cuando volví de Southampton, nadie de mi casa me dijo que Steven había llamado. Para ese entonces me lo había sacado de la cabeza a propósito. Me había ido irritando cada vez más su falta de iniciativa. Me había visitado durante meses, me pidió mi número de teléfono, me sugirió muchas, muchas veces que íbamos a salir y nunca me invitó. El fin de semana que pasé en Southampton era justo lo que necesitaba para sacármelo de una vez por todas de la cabeza. Conocí a Carl en la playa. Era atrevido y directo. Cuando me preguntó si podíamos salir cuando fuera a Queens, acepté de inmediato. Daba la casualidad que la abuela de Carl vivía a unas pocas cuadras de mi casa.

A la mitad de mi primera cita con Carl, ya había decidido que sería la última. Sin que yo lo supiera, Carl había invitado a su amigo Billy a venir con nosotros para que él y yo pudiéramos beber. Billy cumpliría la función de conductor designado. Ninguno de ellos dos lo sabía, pero yo no bebía alcohol. Carl aprovechó al máximo el no tener que conducir y se emborrachó. Cuando estaba sobrio hablaba a los gritos y cuando estaba borracho era incluso más escandaloso. Carl no podría haber sabido que los chicos muy molestos me revolvían el estómago. Para el momento en el que pidió su segundo trago, supe que no volvería a verlo.

Los chicos como Carl eran la razón por la cual me gustaban los chicos como Steven. Y por eso, cuando Steven apareció por la charcutería unas semanas más tarde y me preguntó cómo había estado Southampton, recuperé mi interés por él. Me explicó que había llamado a casa y había hablado con mi hermano. Le dije que nunca me habían dado el mensaje y me disculpé por no devolverle la llamada. Ese día me invitó a salir y yo acepté con gusto.

Steven me presentó a su familia poco tiempo después de habernos conocido. Su familia era muy unida. Su madre y su padre eran agradables y ambos me hacían sentir bienvenida en su modesta casa. Su hermana menor Linda era baja, animada y tenía una sonrisa amplia. También ella me recibió de brazos abiertos cuando nos conocimos. Sus dos hermanos mayores y sus esposas se esmeraron por ser amables conmigo también. Me sentí bienvenida por todos. Enseguida me enamoré de su clara unidad. Era común encontrarlos a todos (madre, padre, hermana, hermanos y cuñadas) cenando en la mesa de la cocina todas las noches. La familia se sentía unida y eso me gustaba mucho.

Unos pocos meses más tarde me encontré bien insertada en la dinámica familiar en apariencia armoniosa, y para sorpresa mía incluso planeando mi boda. Era imposible no enamorarme de Steven y de su familia, tan diferente de la mía. A esas personas parecía no incomodarles necesitarse las unas a las otras. Mi suegra era el tipo de mujer que atendía a sus hijos porque quería, no por sentir que debía hacerlo. No le importaba preparar comidas a último momento para calmar el apetito de uno de sus hijos o ir corriendo al banco antes de que cerrara para hacerles algún trámite. Su única hija adolescente tenía diamantes, pieles y un auto nuevo. Su generosidad era evidente y yo no pude sino gravitar hacia esa aura.

Hasta ese momento, esa había sido la época más peculiar de mi vida. Mientras un aspecto de mi vida comenzaba a desarrollarse como un cuento de hadas, una faceta mucho más profunda, mucho más oscura de mí se revolcaba. Mientras seguía progresando en mi mundo físico, mi mundo interior daba vueltas como loco sin control. La brecha entre esos dos mundos era inmensa y solo yo podía sentirla o saber siquiera que existía. La vastedad entre las dos áreas contrastantes de mi vida conllevaba una culpa increíble. En los momentos tranquilos, no podía escapar a la sensación de ser una farsante. ¿Cómo podía contarle a alguien mi secreto? Ahora mi vida parecía perfecta.

A toda máquina

Por primera vez en mi vida, me sentí segura en compañía de otras personas. Steven me animó a que lo necesitara, a que confiara en él e incluso a que dependiera de él. Al final de los largos días abrumadores en varios hospitales de la ciudad, me sugería que quizá debía dejar mis estudios de enfermería para que él pudiera encargarse de mí. Quería tener un bebé de inmediato y me dijo que prefería que después de casados no trabajara. "Siempre puedes retomar tus estudios cuando los chicos crezcan", me decía.

La mujer que soy hoy sabe que no hay culpas para repartir. Dejé mis estudios de enfermería por muchas razones y ninguna de ellas tenía que ver con mi nuevo marido. Mi compulsión por hacer ejercicio y mis trastornos alimentarios eran como gusanos en mi alma. Sentía que me comían desde dentro; mis obsesiones habían logrado abrir agujeros en las tablas psicológicas que todavía lograban contenerlas. Me resultaba imposible concentrarme en mis estudios de enfermería, en los planes de mi boda y en mis obsesiones. Todavía demasiado dormida como para pedir ayuda, abandoné el aspecto de mi vida al cual debería haberme aferrado y dejé mis estudios de enfermería en mi último semestre.

Hoy en día la humildad es como una manta. Pero mi espíritu me anima a dejarlo levantar la frente. Estos días he encontrado los ojos que pueden ver mi interior. Todo lo que fue ha sido tan solo peldaños que facilitaron el camino de regreso a mí. No puedo culpar a mi corazón herido por gravitar hacia lo que parecía ser amor. Tampoco hago responsable a mi corazón maltratado por deshacerse de lo que en ese momento creía que lo detenía. La falta de dirección, sabiduría y orientación —junto con los fantasmas del pasado— contribuyeron a precipitarme a la ilusión de un cuento de hadas. Conforme el olvido templa los recuerdos de antaño, encuentro calma en saber que en realidad lo único de lo que alguna vez fui culpable es de desear querer y que me quisieran.

Con las tensiones de mis estudios de enfermería ya en el pasado, seguí con determinación con los planes para mi boda. Como una hoja atrapada en el vórtice de un tornado, perseguí fantasías incrustadas en lentejuelas. Era imposible evitar que los vientos de mi mente me elevaran más. Como si de repente se hubieran encendido en mí todos mis sistemas y ahora estuvieran catapultándome en esa nueva dirección, mi vida futura con Steven levantó vuelo. Todas las personas que nos rodeaban estaban felices por nuestro futuro casamiento, desde mi madre y mi padre hasta sus tías y tíos, y todas las personas entre medio que conocíamos. Me embelesaba la sensación de complacer a otras personas.

Mis padres adoraban a Steven. Lo recibieron en casa con brazos abiertos y se aseguraron de tratarlo como si hubiera nacido en la familia. Steven sabía cómo hacer a mis padres sentirse importantes. Reforzaba sus egos con sus cumplidos y su atención decidida y completa. Les hablaba con entusiasmo y ellos le hablaban a él con entusiasmo. Cuando levanto una esquina del velo que cubre mi conciencia de mí misma y recuerdo lo que fue, descubro no tener miedo de lo que hace muchos años me aterraba. Si bien la negación y el miedo en aquella época eran como un ancla emocional, la verdad encontró una manera de plasmar su mensaje en los muros de mi alma a pesar de su gran lastre. Contenta con la verdad, ahora sé que si bien mi sonrisa era amplia mientras repasábamos las invitaciones para la boda, muy en lo profundo del océano de mi corazón no estaba del todo decidida a casarme con Steven. Todavía demasiado acongojada por las penas de mi pasado y todavía demasiado apresurada a mantenerlas enterradas, no pude subir el volumen de mi alma. Mi futuro parecía brillante. Mi presente era iluminado, y tan solo quería olvidar mi pasado. Estaba cansada de tener emociones negativas, y por eso, cuando las intuiciones inquietantes me daban codazos, optaba por mirar adelante no sin antes darle las buenas noches a mi espíritu con un beso y acostarlo a dormir.

En esa época todavía no me daba cuenta tampoco de cuán destructiva era mi obsesión con la comida y el ejercicio. Todas mis amigas se preocupaban por su peso y todas hacían dieta. A cualquier lugar al que fuera me elogiaban por ser delgada. Pensaba que todas las chicas se obsesionaban por qué comida podían comer o cuál no. Pensaba que todas las chicas hacían ejercicio durante horas. Suponía que mi forma de pensar era la norma. Consideraba normal que las chicas fueran lo que otros querían que fueran e hicieran lo necesario para seguir siendo así.

Cuando se asienta la polvareda

Mi hijo Max tenía dos años. Había pasado suficiente tiempo como para darme cuenta de que Steven y yo habíamos cometido un grave error. ¡Desde afuera todo se veía tan perfecto! Había conseguido todo lo que había pensado que quería. Me dije saber que debería haber sido feliz. Entonces a mi espíritu ya no le preocupaba el "exterior". Los ojos de mi espíritu no estaban afuera mirando hacia mi interior. Estaban dentro de mí mirando hacia fuera. Éramos una pareja joven y atractiva, que vivía en una casa diseñada y tenía un bebé sano. Según los paradigmas normales, debería haber sido feliz y lo sabía.

Ahora, cómoda y desde una gran altura, miro al elenco de personajes de la proyección que he percibido como vida y no puedo evitar sonreír. La verdad, cuando viene sobre las alas de la sabiduría, tiene una manera milagrosa de hacerme cosquillas en el espíritu. ¡Ahora todo lo veo tan claro! ¡Todo parece tan congruente! Mi vida, tan sinérgica, no ha sido sino una ilusión, y yo, como observadora subjetiva, he sido poco más que una titiritera magistral, no consciente de estar manejando los hilos.

Todo el elenco de personajes de mi vida, atraídos entre sí por razones específicas, han representado muy bien su papel. Cada interacción, en cada intersección, me ha prestado asistencia para subir la escalera emocional que me ayudó a ampliar la conciencia de mí misma y mi relación con todo lo que es. Mis pies se balancean relajados con frecuencia, desde este lugar de mi conciencia ampliada, ya no conectada con la necesidad neurótica de que los demás me hagan digna ni afectada por la opinión del prójimo, pues es aquí donde me encuentro más cómoda estos días. La verdad es lo único que puede existir en este lugar. Y la verdad me ha hecho libre.

La piel de mi alma comenzó a filtrar la verdad. Y conforme lo hizo, se fue haciendo cada vez más difícil controlar los hilos de mi vida. Me encontré jugando con la idea de dejarlo. Incluso de alguna manera encontré el coraje para decirle a mi madre que estaba pensando en separarme de Steven. Pero cuando me dijo que debía apegarme a las decisiones que había tomado, me sentí replegada a la función que yo misma me había creado en la tierra de lo material. Hice cuanto pude para mostrarle a Steven que no era feliz. Le dije que necesitábamos terapia para parejas. Le dije que no sentía que tuviésemos conexión. Le dije que sentía que solo era para él una tajada de carne y un ama de casa. Le dije que sentía que no me tenía en cuenta y que cuando hablábamos y él me decía que estaba loca o insinuaba que no tenía derecho a sentir cuanto sentía, me ponía triste. Le dije que cuando rehusaba hablarme durante horas o días, me sentía confundida. Le dije que no importaba cuánto tratara de hacerlo feliz, nunca parecía satisfecho ni me mostraba que agradecía mis esfuerzos. Le dije que sentía estar en el matrimonio sola y no sentía que fuéramos un "nosotros". Era solo él. Su familia y yo estábamos solo para satisfacer sus necesidades, cualesquiera fueran y cuando pudieran surgir.

A pesar de lo poco que entendía de mí misma en aquella época, sabía que Steven se entendía a sí mismo incluso menos. Más profunda y más aterrorizante era la idea de que ni siquiera supiera que no se entendía. Arraigado como un arce de cien años de edad, creía conocerse bien y estaba convencido de saber qué era lo correcto, lo cual hacía que, ante sus ojos, todo cuanto yo percibía era equivocado. Desde su perspectiva, yo no tenía derecho a ser feliz. Desde su punto de vista, le debía muchas cosas. Mis instintos tenían razón. Steven no me tomaba en cuenta. A diferencia de mí, Steven disfrutaba de manejar los hilos.

Un día, a media tarde, vino a casa del trabajo. En esa época Max tenía dos años y estaba durmiendo su siesta diaria. Steven estaba cubierto de polvo de cemento. Sin embargo, no le importaba. Quería que tuviéramos relaciones. Todavía no dueña de mi propia alma, mi mente o mi cuerpo, hice lo que él quería que hiciera. Debajo de él, lloré. Las lágrimas eran enormes. Emanaban copiosas de las esquinas de mis ojos y dejaban anchas marcas húmedas en los costados de mis mejillas. Con Steven acostado sobre mí, la afiladísima vacuidad del mundo que había creado me tragaba. Ahora estaba en todos lados. Como el momento en el que el temido huracán llega por fin a la costa, la realidad desgarraba mi carne mientras emociones repentinas inundaban mi mente.

Más allá de lo infeliz que yo fuera, no era culpa de mi marido. Ese hecho era lo que más me dolía. Yo había querido eso. Yo había querido un marido, un bebé y una casa. Yo había querido el matrimonio. Yo había querido dejar la escuela y poner fin a lo que en aquella época percibía como un sufrimiento estresante. Esa era mi salida. Esa era la función que había elegido. Quería ser esposa y madre que no trabaja. Tenía todas y cada una de las cosas que alguna vez me había oído desear. El problema era que no estaba deseando lo que debería haber estado deseando. Mis ojos estaban tan acostumbrados a enfocarse fuera de mí, en el reino de la realidad física, que no entendía mi realidad no física: mi yo superior, mi esencia, mi espíritu, mi alma, mi yo. Las cicatrices que me dejó la enfermedad de la invisibilidad, internalizada de niña, me habían hecho tanto daño que no tenía conexión con mi yo. El nunca haber tenido sentido de "yo" hacía eco en mí: mis ojos nunca aprendieron a nutrir esa parte de mí. Solo los ojos de una madre podrían haberme ayudado a conectarme con mi interior. No tenía forma de saber que para ser feliz en el ámbito físico, primero debía aprender a hacerme feliz al nivel del alma, en el ámbito de lo no físico, el lugar dentro de mí al cual solo yo podía llegar mediante mis emociones y mis pensamientos, el lugar dentro de mí que estaba condicionada para negar.

Steven nunca se dio cuenta de las lágrimas que derramé esa tarde, ni de las que seguí llorando después. Esa tarde me ayudó a tomar la decisión: ya no podía permanecer casada con Steven durante mucho más tiempo. Decidí decirle que quería una separación, pero justo en el momento de tomar la decisión descubrí que estaba embarazada.

El punto de inflexión

Cuando descubrí que estaba embarazada, mis ideas cambiaron de inmediato. Conforme se realinearon mis prioridades, aprendí a olvidar las ideas de dejar a Steven. Me preguntaba si esa sería la forma que tenía Dios de decirme que me equivocaba al querer dejarlo. Era imposible que eso hubiera sido coincidencia. Me obligué a aceptar que mi destino no era dejar a Steven —al menos no en ese momento— y esperé con ansias el nacimiento de mi nuevo bebé.

En el quinto mes del embarazo de mi segundo hijo, mi obstetra me dijo que debería tomar en consideración abortarlo. "No le conviene tener este bebé", fue su recomendación. "Va a nacer con un grave defecto del tubo neural y morirá. ¿Por qué va a obligarse a sufrir eso?". Sus palabras vaciaron cada molécula de oxígeno de mi cuerpo rengo. Como si la habitación hubiera comenzado a girar alrededor de mí, luche ante él por mantenerme de pie. "Los valores de su prueba de AFP son altísimos. Lo lamento, Sra. Romano". Llamé a mi marido para contarle qué había dicho el médico. Estaba llorando sin control y necesitaba que me reconfortara. Llena de culpa por haber querido en algún momento dejar a Steven, le rogué a Dios sin descanso que me perdonara. Sentía que tal vez Dios estuviera castigándome por mis pensamientos tan poco católicos y esperaba, más allá de toda esperanza posible, que algo de lo que dijera o hiciera Steven me ayudara a salir del oscuro agujero en el cual estaba hundiéndome con rapidez.

Ahora estaba desesperada. La brecha interior, que era la separación entre mi programación y mi yo superior más real, se amplió. Y conforme se ampliaba, podía sentir la profundidad de su gravedad en mis pies. Como si me estuviera aferrando a los bordes de mi cordura, luchaba por que no me arrastraran las olas de mis emociones tóxicas. No estaba preparada para tal falta de perfección. No tenía la suficiente estabilidad como para enfrentar lo que no estaba saliendo como yo lo había planeado. No tenía la suficiente confianza como para controlar lo que no estaba bajo mi control. No tenía la suficiente madurez como para lidiar con algo tan adulto como eso. ¿Yo? Más que nunca, necesitaba que alguien me ayudara. Busqué esa ayuda en la persona de mi vida en la cual era más lógico buscarla: mi marido, el padre del hijo que me habían pedido matar.

Si a Steven lo afligió la idea de que abortara, no lo noté. Pareció indiferente a la noticia e implicó que estaba exagerando. La distancia que nos separaba era así de evidente; yo me sentí más sola que nunca. El bebé del cual estaba embarazada estaba vivo. Se movía con libertad dentro de mí, como un pez en el mar o un ave en el cielo. No podía destruirlo. Simplemente no podía.

Desesperada, decidí comunicarme con uno de los médicos más jóvenes del consultorio de obstetricia y ginecología en el que me atendía. Siempre me había sentido más cómoda con él que con los médicos de mayor edad. Tenía muy buen trato con los pacientes y nunca me había hecho sentir tonta o irrelevante por preguntas que hice. Cuando hablamos, me dijo que me relajara. Me explicó que muchas veces las pruebas de AFP daban resultados incorrectos y que había una gran probabilidad de que mi bebé fuera por completo sano. Me dijo que necesitaría una amniocentesis para descartar defectos de nacimiento. Cuando le pregunté si él podía hacerme la prueba, respondió que sí.

Cuatro meses más tarde nació mi hija Amanda, sana y hermosa. El primer médico se había equivocado. Nadie sabía por qué los resultados de mis pruebas habían salido tan mal, aunque yo tenía una idea. No había forma de que pudiera haber estado segura, pero mi intuición me decía que los resultados habían salido mal porque yo estaba sometida a mucha tensión. Llegué a la conclusión de que el cortisol había afectado de alguna manera los resultados de mi prueba. Estaba tan agradecida de que mi bebé fuera sana que callé la verdad de mi sentimiento. Llena de una culpa que podía durar mil vidas, hice lo que pude para devolverme a mis funciones sumisas y alabé a Dios por dejar vivir a mi bebé.

Cuando Amanda tenía cuatro semanas y pesaba apenas cinco kilos, encontré una protuberancia en el costado derecho de su cuello. La primera vez que vi el tumor del tamaño de un pulgar estaba bañándola. Mi corazón se detuvo cuando lo vi. Aterrada, tuve que recordarme que debía respirar. Como si mi vida hubiera pasado de repente frente a mis ojos, la angustia me atravesó como si fuera electricidad. Congelada por el temor, busqué una vez más consuelo en mi marido y una vez más me dijo que estaba exagerando. "Incluso si fuera cáncer y la bebé muriera, podemos tener otro de todas maneras", fueron las palabras que usó para consolarme.

La otorrinolaringóloga a la que llevé a Amanda estaba embarazada de ocho meses. Después de examinarla, me dijo que creía que la bebé tenía un linfoma no Hodgkin. "Si fuera usted, no me encariñaría mucho con esta bebé", fueron las palabras que eligió. Mi preciosa bebé, vestida con sus pequeños calcetines blancos con encajes y su vestido rosa, dormía tranquila apoyada en mi hombro. El agradable aroma de su piel de recién nacida llenaba mi nariz, y su cuerpito perfecto llenaba mis manos. El comentario de la médica me llenó más de ira que de tristeza o de miedo. Podía sentir en mí el deseo de escupirle el rostro y darle un golpe en la cabeza. Era mi bebé, a quien adoraba, y me repugnaba la indiferencia que tanto ella como mi marido parecían mostrar por su vida.

"Traiga a su bebé mañana de nuevo. Haremos una biopsia por aspiración con aguja. Eso me ayudará a determinar si ese tumor es cancerígeno o no", prosiguió, mientras por mis venas corría veneno. El día siguiente llegamos al consultorio de la médica como habíamos planeado. Mi madre nos acompañó a Steven y a mí. La médica pidió que no fuera yo quien sostuviera a Amanda durante la biopsia con aguja. Por el temor a que mi instinto de proteger a mi hija del dolor impidiera a la doctora clavar la aguja puntiaguda en el cuello de mi bebé, sugirió que mi madre la sostuviera y yo esperara fuera del consultorio. Temblorosa por la adrenalina que provoca la angustia, me costó mantener la calma. Cuando oí a mi bebé empezar a llorar por el dolor de que le clavaran la gruesa aguja, mis piernas se ablandaron como espaguetis mojados y me desmayé.

Al día siguiente la médica llamó para decirme que la biopsia era negativa. No había encontrado células malignas. Yo estaba contentísima. "No se entusiasme demasiado, Sra. Romano. Todavía tenemos que extraer el tumor. Quiero operar en unos días". Se me había agotado la paciencia. Con las agallas que me quedaban, le pregunté si podíamos posponerla para que pudiera buscar una segunda opinión. "Es la vida de su bebé con lo que está jugando", me dijo. Sus comentarios me decidieron no solo a buscar otras opiniones, sino también a buscar respuestas por mi propia cuenta.

Karen había terminado de estudiar enfermería e incluso se estaba preparando para ser enfermera práctica en ese momento. Le pedí que trajera todos los libros médicos que tuviera para que yo pudiera consultarlos. Entre su arsenal de libros y el mío, armé un posible diagnóstico propio. En uno de nuestros muchos libros encontré una sección sobre recién nacidos y diferentes tipos de marcas de nacimiento. Cuando leí la sección sobre hemangiomas, quedé convencida de que eso era lo que tenía Amanda. Los hemangiomas aparecen en una tercera parte de los recién nacidos poco tiempo después del nacimiento. Se los clasificaba como tumores vasculares benignos. En esencia, son masas de vasos sanguíneos.

Cuando encontré otro cirujano, le dije qué pensaba. Me escuchó con atención y después me aconsejó con amabilidad extirpar el tumor más allá de lo que hubiera encontrado o no cualquier aspiración con aguja. Lo cómoda que me hizo sentir hizo que la decisión de someter a mi bebé a cirugía fuera menos difícil de lo que podría haber sido. Después de terminada la operación, el cirujano, todavía vestido con ropa quirúrgica, me pidió que le dijera qué pensaba que era el tumor. Le dije que para mí era un hemangioma.

"Tenía razón, Mami. Eso es precisamente, y de haber estado seguro, no habría hecho la operación. Los hemangiomas son vasculares, es decir que hay un muy alto riesgo de hemorragia cuando se los somete a cirugía. Pero su bebé está bien. Nos fue muy bien. Está por completo sana".

Réplica

Poco después de la operación de Amanda, comencé a sufrir de migraña. Al poco tiempo, comencé a sentir también la garganta tensa, como si estuvieran estrangulándome. En una de mis citas de control ginecológico, le conté mis síntomas al médico que le había hecho la amniocentesis a Amanda. Me sentí sorprendida y confundida cuando me sugirió consultar a un terapeuta. Me dijo que mis síntomas eran manifestaciones de angustia. Me dijo que las cosas por las que había pasado con Amanda en los últimos meses habían afectado mi psiquis y necesitaba ayuda para superar la conmoción que me había causado en el aspecto emocional. Sabía que tenía razón, pero lo único que podía sentir era más angustia. En quien primero pensé no fue en mí. Fue en Steven. Sabía que no entendería y solo me catalogaría de loca, débil o exagerada.

Mi médico me sugirió que estaba sufriendo algún tipo de trastorno de estrés postraumático. Me dio el número de teléfono de un terapeuta para que lo llamara. Por el temor de lo que pudieran pensar Steven o mis padres o sus padres, ignoré su consejo. Durante los meses posteriores, el pánico comenzó a dominar mi cuerpo. A mitad de la noche me despertaba el trueno de mi corazón latiendo en mi pecho, o mi dolor desesperante, punzante de cabeza. Desarrollé asma y eczema, y comenzó a costarme dormir. Las ideas se me escapaban con facilidad. Me resultaba imposible concentrarme o sentirme calma. Mis manos temblaban, perdía cabello y mi piel se irritaba como si estuviera prendida fuego. Sentía que me estaban envenenando desde dentro y estar sentenciada a sufrir en silencio.

Se lo conté en confianza a la novia de mi tío Peter, Sandy. Le dije cuán angustiada había estado sintiéndome. Ella, adicta al juego en recuperación, me introdujo al programa de doce pasos, el cual acepté sin reservas. Leí el material que me dio y sentí que quizá estaba en el rumbo correcto. Si bien no era alcohólica o jugadora compulsiva, era adicta. Adicta al miedo y a la preocupación, acepté la idea de apoyarme en un poder superior que me ayudara a recuperar el control sobre mi vida.

Con el paso del tiempo, decidí aprender todo lo que pudiera sobre el asma, el eczema y la migraña. Cuando por fin hice la relación entre el pensamiento negativo, la angustia, el cortisol y la inflamación, me di cuenta de que mi cuerpo solo estaba reaccionando a lo que sucedía dentro de mí en el aspecto emocional. Alrededor de cuatro o cinco años después del nacimiento de Amanda, llegué a creer que necesitaba abordar la infelicidad de mi matrimonio. Justo cuando estaba comenzando a juntar el coraje para sugerirle una vez más a Steven que hiciéramos terapia de pareja, quedé embarazada por tercera vez. Me preguntaba si había una conspiración que se estaba armando en algún lugar del cosmos y de la cual yo no estuviera al tanto.

Sin embargo, ese embarazo fue diferente. A pesar de toda la dicha y el placer que sentí mientras estaba embarazada, a nivel inconsciente sabía que un día, en poco tiempo, debería confrontar de una vez por todas a Steven. Después del nacimiento de Niccole, mi cuerpo comenzó a fallar con rapidez. Mi asma tuvo un recrudecimiento importante. El alergista que estaba tratando mi asma me dijo que mi afección no respondía a razones físicas.

"Es mejor que escuche a su cuerpo, porque su cuerpo está escuchándola a usted", me recomendó.

El dermatólogo que estaba tratando mi eczema quedó tan perplejo por las hinchazones de mi piel que me prescribió una biopsia por punción en la cadera izquierda. Una erupción gigante en forma de mariposa en mi cadera lo había puesto nervioso. Nada de lo que recetaba estaba funcionando. Los resultados de la biopsia no fueron concluyentes. Me comunicó que lo único que podía determinar era que estaba sufriendo urticaria y no sabía por qué. "Creo que tal vez usted sea la única que realmente sepa por qué está sucediendo todo esto", dijo.

Una tarde corrí al alergista, con dificultad para respirar. Me sentía como si tuviera un elefante sentado en el pecho. No podía inhalar ni exhalar. Como si estuviera respirando por una delgada pajilla de cóctel, mi cuerpo luchaba por sobrevivir. Con el temor de llegar a morir, llamé a mi madre y le pedí que cuidara a los niños para poder ir enseguida al consultorio del médico. Cuando llegué allí, de inmediato me sometió a un tratamiento intravenoso con esteroides líquidos y antibióticos. Con enojo, el médico me preguntó: "¿Su marido sacó las alfombras de su habitación como se lo pedí hace tres años?".

Cansada, sintiéndome derrotada, con la cabeza enterrada en mi regazo y los ojos cerrados, sacudí mi cabeza con lentitud de un lado al otro y susurré la palabra "No".

Cuando Steven llegó al consultorio con los tres niños, estaba sentada recta en una habitación oscura. Cuando fue a verme a la parte posterior del consultorio médico, tenía a Niccole en sus brazos. "Sr. Romano, ¿recuerda que le dije que sacara las alfombras de su habitación hace unos tres años", le preguntó el médico a Steven. Yo tenía miedo de levantar la mirada. En una gran medida, el asma había ganado ese día y yo no sentía tener la suficiente fuerza como para soportar las miradas de Steven. Steven no respondió la pregunta del médico. Lo único que hacía era mirarme fijo, enojado, molesto por la idea de que tal vez lo hubiera delatado y de alguna manera hubiera cargado la culpa en él.

"Para que lo sepa, su esposa está respirando con menos del veinte por ciento de su capacidad pulmonar. ¿Entiende cuán peligroso es eso, Sr. Romano? Su esposa casi muere hoy. Si no hubiera venido aquí o si en lugar de eso hubiera dormido la siesta, quizá nunca se habría despertado. ¿Entiende eso?". El médico seguía urgiendo a Steven a responder.

"Sí, sí, sí… está bien, doctor. Entiendo… entiendo… Bien, así que tengo que arrancar las alfombras. No hay problema", dijo Steven.

Caída, pero no muerta

Demoré un año más en juntar el coraje para confrontar una vez más a Steven. Mis médicos tenían razón. Había algún problema y necesitaba por fin enfrentarlo. Estaba cansada de sufrir en silencio y hacer que mi cuerpo pagara el precio. Estaba cansada de fingir ser feliz cuando no lo era. Estaba cansada de tener relaciones sexuales con un hombre que no sentía nada por mí. Estaba cansada de limpiar una casa que se sentía más como una prisión que como un hogar, mi hogar. Estaba cansada de sentir que le debía muchas cosas a Steven y a su familia por construirnos una casa que nunca pedí. Y, por sobre todas las cosas, estaba cansada de ignorarme.

Cuando le dije a Steven que quería hacer terapia para parejas, reaccionó peor de lo que pensé. Los días posteriores encontró maneras de expresar su disgusto por mi deseo. Cuando llegaba a casa del trabajo, me ignoraba, disparaba miradas iracundas en mi dirección durante la cena y golpeaba las puertas de la alacena antes de ir a dormir. Una vez dio vuelta patas para arriba los muebles como un rinoceronte, golpeó la encimera con sus puños y arrojó una botella de detergente por la habitación mientras gritaba: "¿Así que quieres el divorcio, Lisa? ¿Eso es lo que quieres, eh? ¿Quieres el divorcio, Lisa?", como para amenazarme con la idea, frente a nuestros hijos.

Tentada de ceder a su ira por los niños, con frecuencia terminé preguntándome hasta qué punto quería que llegara esto. Steven no tenía conciencia suficiente como para no usar a nuestros hijos como peones en mi contra. Enseguida quedó en evidencia que mis hijos sufrirían por su incapacidad de contenerse y que sería a mí a quien culparían por el trauma. Necesitaba recordarme con frecuencia que lo único que quería era un mejor matrimonio y que no era yo quien lo amenazaba a él con un divorcio. Tan solo necesitaba saber que nuestra vida juntos tenía posibilidades de mejorar. Nuestra relación, tal como estaba, iba a destruirme.

La tarde que por fin había decidido hacer una cita con un terapeuta de parejas, mi suegra llamó para decirme que su hija Linda tenía cáncer en estadio cuatro. Linda necesitaría asistencia y me llamaba para pedirme ayuda. Una vez más, como un imán que modifica mi lista de prioridades, mi vida sufrió un cambio drástico. Como siempre, mis necesidades ocuparon el último lugar del tótem y, como de costumbre, corrí al rescate.

La necesidad de ayudar a Linda me consumía. En los últimos años habíamos dejado de hablar. Una conversación que yo había tenido con su marido años antes se había trastocado hasta convertirse en un nudo diabólico. Se citaban frases mías que no había dicho. Por desgracia, Linda se negó a escuchar mi campana y por impulso decidió sacarme de su vida. Su decisión atravesó a su familia y a mí como un láser. Mis relaciones con sus hermanos, sus padres y ella nunca volvieron a ser iguales. Durante muchos años me dolió el caos innecesario que había producido su decisión, pero al final aprendí a aceptar lo que no podía cambiar. Tenía la profunda convicción de no haber dicho las cosas que ella suponía que sí había dicho.

El día que mi suegra me llamó para pedirme ayuda fui enseguida a la casa de Linda. Era la primera vez en siete años que hablábamos. Sin embargo, para mí era pasado pisado. En lo único en lo que podía pensar en aquella época era en salvar de la muerte a esa joven mamá de 28 años con dos niños pequeños. Durante días investigué terapias alternativas contra el cáncer con la esperanza de que algo, cualquier cosa, pudiera ayudarla. Los médicos le habían dicho a ella y a su familia que no había nada más que pudieran hacer para salvarla. Su enfermedad había avanzado demasiado.

Le habían diagnosticado carcinoma corticoadrenal. El cáncer se había diseminado a sus dos pulmones y a su cavidad abdominal, y también lo habían encontrado en varios ganglios linfáticos. La primera vez que vi a Linda, me estremecí. Ya no era la joven vibrante que alguna vez conocí. Su piel estaba gris y tenía vello grueso en los costados de su rostro. Su abdomen estaba distendido y era evidente que le costaba respirar. Su voz era débil y sus brazos y manos parecían frágiles. Mi corazón se abrió como una represa cuando posé mis ojos en ella. Ver a sus hijos, uno a cada lado de ella, casi me hizo caer al piso de pena. Supe al instante, en el momento en el que la miré, que quizá no llegara a ver a sus dos angelitos crecer.

Cuando esa noche regresé a casa después de pasar la tarde con ella y sus hijos, me sentí exhausta. El número del terapeuta de parejas al cual había tenido la intención de llamar más temprano seguía en la isla de la cocina, junto al teléfono. Me detuve y lo miré durante unos cinco minutos antes de caer de rodillas y comenzar a llorar. No solo lloré por Linda, sus bebés y mis suegros, sino también por mí misma. Lloré por todo el tiempo que habíamos perdido Linda y yo. Lloré porque sus hijos no me conocían ni conocían a los míos. Lloré porque estaba enojada de que se hubiese enfermado justo cuando había encontrado el coraje para enfrentar mis problemas maritales. Lloré porque me sentí obligada una vez más a priorizar las necesidades de otros por sobre las mías. Lloré porque estaba cansada. Lloré porque tenía miedo y estaba triste. Pero, por sobre todas las cosas, lloré porque me sentía muy culpable por querer más de lo que tenía.

Ahora tengo el espíritu en mí. Mientras toco estas teclas, me recuerda con amabilidad ser comprensiva con mi yo cuando recuerdo mi pasado, pues le resulta demasiado fácil a la mujer que soy hoy encubrirse con una culpa innecesaria, incluso todos estos años más tarde. Sí, estaba enfadada porque Linda se enfermó cuando se enfermó. Y sí, sentí culpa por sentirme de esa manera. Los desmadres de emociones eran comunes en mí en aquella época y a veces identificar alguna de ellas era imposible. A veces lo único que podía hacer era llorar. Tan agobiada por los sentimientos, no sabía qué sentir o cómo asimilarlos o nombrarlos. El llanto era la manera en la cual mi cuerpo soltaba algo de la presión que causaba el ataque de emociones negativas.

Me quedé sentada sobre las baldosas frías blancas y negras de cerámica de la cocina durante lo que parecieron horas, solo llorando. Mi mente daba vueltas sin parar mientras hacía lo imposible por sobrevivir la lluvia de ira, tristeza, frustración, vergüenza y, por supuesto, culpa. Cuando por fin sentí que mis ojos se habían quedado sin lágrimas, me quedé sentada en el piso hasta tener en claro qué dirección tomaría. Decidí hacer cuanto pudiera para ayudar a Linda. Llegué a convencerme de que Dios debía de haber tenido un plan. Me pregunté si el cáncer de Linda era la manera en la cual Dios iba a reunirnos de nuevo a todos, incluidos Steven y yo. Pensé que quizá la enfermedad de la hermana de mi marido me despertaría y, quizá, gracias a la tormenta que nos esperaba, nuestro matrimonio se fortalecería. Creía todas esas cosas de corazón, al punto que dediqué mi vida a Linda y a su familia, convencida de que hacerlo solo podría producir cosas buenas.

Después de unos seis meses de haber estado ayudando todos los días a mi suegra, llegué a la conclusión de que ya no podía hacerlo. Las fantasías que había tenido sobre el cáncer de Linda como medio por el cual Dios sanaría a esta familia eran solo eso: fantasías. Ninguna de las cosas buenas que pensé que sucederían sucedieron. De hecho, todo se puso incluso peor. La gota que rebalsó el vaso para mí fue aquella noche en la que volví a visitar tarde a Linda. Ahora le habían recetado un anticoagulante que debíamos inyectarle dos veces al día. Yo era quien le daba las inyecciones. Esa noche me sentía cansada. Mi asma había recrudecido y venía teniendo problemas para dormir. También iba haciéndome más consciente de cuán poca atención les había prestado a mis propias tareas domésticas por haber pasado tanto tiempo cuidando a Linda, su casa y sus hijos. Me molesté cuando me di cuenta de cuán poco tiempo había estado pasando a solas con mis propios hijos y no me sentí satisfecha cuando me di cuenta de cuán poca paciencia les tenía cuando estábamos solos en casa. No podía ignorar cómo mi decisión de sumergirme en el cuidado de Linda había repercutido en la vida de mis hijos. Como de costumbre, mi personalidad radical me había dado una buena sacudida y me había dejado incluso más vacía que nunca.

Para peor, Keith, el hermano mayor de Steven y Linda, me faltaba el respecto, a pesar de mis esfuerzos por ayudar a su familia a cuidar de Linda. Keith había dejado de hablarme años antes, desde que lo confronté sobre su relación con una de las clientes que venía seguido a nuestra tienda, una relación que estaba haciendo sentir a nuestra muy buena empleada tan incómoda que, según me dijo, tal vez debería renunciar. Keith hizo lo imposible por hacerme sentir incómoda en su presencia cada vez que venía a visitar a su hermana mientras yo estaba ahí. Pero la noche en la que fui a inyectarle el anticoagulante a Linda, cuando él estaba sentado a su lado en el sofá, resoplando y girando la cabeza con modos ofensivos para evitar mirar en mi dirección y dejar así en claro cuánto lo indignaba mi presencia, puse el punto final. En ese momento me harté.

Al día siguiente llamé a Linda para hablar sobre el comportamiento de Keith. Sabía que al confrontar una verdad personal mía estaba jugándomela, pero sentía no tener otra opción. Si iba a seguir cuidando a Linda, iban a tener que tomarse en consideración mis sentimientos. Ya era complicado solo cuidarla a ella, sin que se me tratara de una manera tan ridícula. Odiaba poner en esa situación a Linda, pero no había manera de que pudiera seguir cuidándola mientras ignorara la manera en la cual me trataba su hermano. Esa noche, cuando me apoyé sobre una de mis rodillas para buscar en el músculo de Linda un nuevo lugar para darle la inyección y su hermano giró los ojos cuando me miró, y ella lo permitió, me di cuenta de que a ninguno de los dos les importaba yo. Comencé a comprender que era solo un instrumento. Estaba ahí para satisfacer una necesidad. Era irrelevante quién era yo. Y todas las lágrimas que había derramado por esa joven y todos los sueños que había tenido sobre reunir a esa familia eran para nada.

Más o menos por la época en la que dejé de cuidar a Linda, ella decidió abandonar las terapias alternativas que le había enseñado y en su lugar optó por someterse a quimioterapia tradicional. Sus médicos estaban sorprendidos de cuán buena había sido su evolución y le dijeron a ella y a su familia que ahora tenía la fuerza suficiente como para soportar la quimioterapia. Falleció unos seis meses más tarde. Una infección en su pierna le produjo neumonía. Por último, su hígado falló y murió. La noche en que murió fue atroz para todos nosotros. A pesar de las sandeces absurdas de las cuales estaba cargado el aire que separaba a quienes la queríamos, reunidos alrededor de su cama en el hospital estábamos todos unidos, unificados por el dolor.

Segundo round

Después de la muerte de Linda, la vida permaneció estática por un tiempo. Mi corazón se sentía como si alguien le hubiera clavado los pies al piso. Por momentos, la realidad de su muerte era incomprensible. La idea de que sus hijos crecieran sin conocerla me quitaba el aire de los pulmones. Todo parecía tan poco natural, sin ritmo y sin rima. Lo que era no debería haber sido. Su muerte no solo producía desilusión, sino que también era esclarecedora. Quería más que nunca vivir y quería vivir bien.

Después de la muerte de Linda tardé varias semanas en recordarle a Steven que quería comenzar con terapia para parejas. Cuando lo confronté, me invadía el temor porque estaba segura de que usaría la muerte de su hermana como arma de control en mi contra. El día que lo hice, me acusó de ser egoísta y me dijo que mi orden de prioridades era equivocado. Me dijo que no tenía derecho a sentirme como me sentía. Me dijo que debería estar agradecida por vivir como vivía y tener tres hijos sanos. Me dijo que los clientes de nuestra tienda le decían que yo debía besarle los pies cuando llegaba a casa al final del día. Me dijo que podía conseguir a cualquier mujer que quisiera y que cualquier otra mujer estaría feliz de tenerlo en su vida.

Ese comportamiento era típico de Steven. Le gustaba usar la culpa y la vergüenza en mi contra cuando yo intentaba abordar un tema sobre el cual él no quería conversar. Pero esa vez sus tácticas manipuladoras no funcionaron. Demasiado cansada, demasiado triste, demasiado deprimida y por completo enfadada como para seguir preocupándome sobre qué pensaría de mí, saqué el número del terapeuta de atrás del teléfono y le dije: "O llamas y haces una cita o lo hago yo. Pero debes saberlo: ya no voy a dar más vueltas. No soy feliz y si nuestro matrimonio va a sobrevivir, algo debe cambiar".

Después de algunos berrinches más, aceptó ir a un terapeuta conmigo. Esa noche, cuando volvíamos a casa después de nuestra primera sesión de terapia, Steven estaba furioso. Estaba enfadado por lo sincera que fui con nuestra terapeuta. La empatía que la terapeuta mostró para con mis sentimientos sobre mi falta de satisfacción con el estado de nuestro matrimonio lo hizo sentir amenazado. Fui franca y le conté que me sentía usada, poco valorada y, en la cama, más como un pedazo de carne que como una mujer. Le conté que mi marido nunca tomaba en consideración mis sentimientos cuando tomaba decisiones, y que con frecuencia mi ignoraba. Le conté que me llamaba loca, decía que era rara y se burlaba de mí cuando no estaba de acuerdo con él en algo. Le conté que estaba cansada de nuestra vida sexual sin amor y de la desconexión entre nosotros. Le conté que necesitaba que las cosas cambiaran. Quería sentir que Steven y yo estábamos en la misma sintonía y que él estaba de mi lado, en lugar de sentir que siempre debía mantener las manos en alto cuando estaba con él. Para el final de nuestra primera sesión, admití no sentir seguridad emocional, física o sexual con Steven y dije que si las cosas no cambiaban, lo dejaría.

Camino a casa después de nuestra primera sesión de terapia, Steven condujo a alta velocidad. Giraba en las esquinas con furia. Golpeaba los puños contra el volante, con el rostro retorcido por la ira, y gritaba enfadado sobre cuánta vergüenza lo había hecho pasar. "Todo es cuestión de tus sentimientos, Lisa; tus sentimientos, Lisa; tus sentimientos, tus sentimientos", decía y se burlaba de mí como sugiriendo que mis sentimientos no tenían validez. Temía que esa noche Steven pudiera hacernos daño y no estaba segura de que no hubiera sido sin intención.

Steven se negó a volver a otra sesión de terapia con MaryAnn. Dijo que lo hice pasar vergüenza frente a ella y me dijo que mis sentimientos eran ridículos. Dijo no tener interés en ir a hablarle a una extraña sobre temas tan personales. Dijo que solo las personas débiles necesitan terapia. Dijo que no necesitaba ayuda alguna. Dijo que era feliz y no tenía intención alguna de cambiar. Dijo que lo que yo pretendía del matrimonio no existía. Me dijo que era desagradecida, egoísta, negativa y demasiado sensible. Después de implorarle que cambiara de parecer, tome la decisión de ir sin él. Cuando llegué sola, MaryAnn me dijo que su ausencia mostraba mucho y mi presencia allí sola hablaba con la misma claridad.

Seguí la terapia semanal con MaryAnn sin Steven. Unos meses después de iniciadas nuestras sesiones, me dijo que se mudaría y me remitió a otro terapeuta llamado Ed. Cuando le dije a Steven que MaryAnn no iba a ser más nuestra terapeuta y me había dado el número de uno nuevo, se rio.

"¿En serio vas a seguir con esta idiotez de la terapia, Lisa? ¿En serio? Pensé que para esta altura ya te habrías dado por vencida. Pero bueno, si sientes que estás loca, quizá sí necesites terapia", me dijo. La mañana siguiente llamé para hacer una cita con Ed.

La recta final

"Así que dígame: ¿quién es Lisa?", fue la primera pregunta que me hizo Ed.

Sentada directamente frente a él en un consultorio del tamaño de una caja de zapatos, le respondí: "Pues… hmmm… soy esposa y madre, y la jefe de seguridad de la escuela de mis hijos. Soy integrante de la Asociación de Padres y Docentes, y mi marido y yo somos dueños y administramos nuestro propio negocio".

"No le pregunté a qué se dedicaba. Le pregunté quién era", contestó.

Si mi alma tenía oídos, ahora estaban atentos. Como si hubieran hecho sonar una trompeta, el espíritu que con tanta frecuencia yo había forzado a dormirse comenzó a despertarse. Había brechas, espacios, hendiduras, agujeros, incluso océanos adentro que hacían que las diferentes facetas de mi persona siguieran siendo ajenas unas a otras. Mi cuerpo, mi mente y mi alma estaban tan distanciados entre sí que cada uno vivía experiencias diferentes dentro de mí. Cuando Ed aclaró qué estaba preguntando, quizá por primera vez en mi vida mi cuerpo y mi mente, tanto como mi alma, estaban escuchando. La primera pregunta de Ed me había sumergido en el ahora.

"¿Cuál es su nivel de educación?".

"Estudié enfermería en la universidad", respondí.

"¿Se graduó?", preguntó.

"No".

"Pues, entonces… no es enfermera, ¿no?", continuó.

"No, supongo que no".

"¿Supone que no o sabe que no?".

"No, no. Sé que no soy enfermera", le dije, y comencé a sentirme cada vez más incómoda en la silla. Las preguntas de Ed eran directas, al punto y sensatas. En ese espacio entre yo y Ed, no había lugar para la negación y la evasión. Ed hablaba en serio y yo, en ese momento, era su tema de preocupación. Era peculiar tener la atención absoluta de alguien. Por primera vez en mi vida, sentí que me tomaban en serio y que me escuchaban, y sobre todo, que me percibían.

"¿Por qué está aquí?".

"Mi marido dice que estoy loca", respondí.

"¿Usted cree que está loca, Lisa?", preguntó.

"No estoy segura. Sé que no soy feliz".

"¿Qué la haría feliz?".

"No creo que mi marido y yo estemos en la misma sintonía. Cuando trato de hablar con él sobre cómo me siento, siempre me dice que no tengo derecho a sentirme como me siento. Me dice que la vida no debería ser una cuestión de cómo me siento. Me dice que debería ser feliz por vivir en mi casa grande y que él no me engañe, y por tener tres hijos sanos. Me hace sentir que no tengo importancia, y así y todo, me preocupo todos los días por cómo hacerle la vida más fácil. Y cuando algo le molesta, siempre estoy ahí para ayudarlo. Así que cuando me llama loca, psicótica o cuando me ignora o dice que soy una persona negativa, me siento herida. Siento que para mí es un extraño y sin embargo él está muy contento con cómo están las cosas. Así que a veces me pregunto si tal vez no estaré loca", dije.

Ed permaneció en silencio mientras tomaba apuntes en un largo bloque amarillo de hojas de tamaño oficio. Me resultó fácil nombrar las largas listas de cosas que no me gustaban de Steven y de nuestro matrimonio. Era lo único en lo que había pensado durante muchos años. En cierto nivel, me sentí orgullosa de poder responder a la última pregunta de Ed. Después dijo: "No le pregunté qué la hacía infeliz, Lisa. Le pregunté qué la haría feliz".

Ed colocó su pluma sobre su escritorio, junto al bloque de hojas, y dobló sus manos sobre su regazo. "Hay mucho trabajo por delante con usted, Lisa", susurró con suavidad. Perpleja, pero también curiosa, sentí que cada una de las neuronas de mi cuerpo estaba atenta. Quería más de eso, fuera lo que fuera. Durante los momentos que pasaba con Ed, sentía que la niebla de mi mente comenzaba a desvanecerse. Como si Ed fuera una pala y una escoba, sus preguntas comenzaron a hacerme entender y creer que era posible desenmarañar el tremendo nudo de pensamientos de mi mente. También entendí que ese hombre iba a remover cielo y tierra. Ese proceso no iba a ser sencillo. Terminarlo requeriría mucho coraje de mi parte. Como un león que rasguña su jaula, ansioso por quedar en libertad, las preguntas de Ed eran una suerte de llave para la cerradura que me había mantenido tras las rejas.

"¿Hay alguien alcohólico en su familia, Lisa?".

"Mis padres no beben", respondí.

"Escuche mi pregunta y responda lo que le pregunto. ¿Hay antecedentes de alcoholismo en su familia?".

"Sí. Tanto mis abuelos maternos como mis abuelos paternos eran alcohólicos y ambos hermanos de mi madre también lo son, pero mis padres no son alcohólicos", le dije.

"No recuerdo haberle preguntado si sus padres eran alcohólicos", insistió Ed, para verificar que yo hubiera entendido que seguía sin responder la pregunta formulada.

"Sí, hay alcoholismo en mi familia", le dije con una amplia sonrisa.

Mi mente sentía estar bailando sobre carbón caliente. El enfoque directo de Ed estaba enseñándome a deshacerme de la necesidad de preocuparme por lo que pensaran otras personas. Ed no estaba ahí para juzgarme. Tampoco estaba ahí para permitirme caer en la trampa de juzgarme a mí misma. Tan solo quería que tuviera en claro los hechos y ayudarme a ver las cosas como eran, sin la compulsión neurótica de endulzarlas. Si Ed iba a ayudarme, iba a necesitar encontrar una manera de hacerme descubrir quién era yo sin las máscaras. No sabía dónde podría terminar, pero sabía que me gustaba sentir que estaba en el camino correcto.

No estoy loca, solo soy codependiente

La sesión de preguntas y respuestas entre Ed y yo pronto se convirtió en una suerte de juego. Sentía que su espíritu estaba bromeando con el mío. Tenía un gran respeto por su gran capacidad de ayudarme a ver con tanta rapidez los aspectos inapropiados de mis pensamientos. En menos de cuarenta y cinco minutos, Ed podía hacer girar mis ideas al menos ciento ochenta grados en una dirección que se sentía como si de hecho estuviera inspirándome.

"Le tengo buenas y malas noticias, Lisa", dijo Ed mientras cruzaba sus dedos detrás de la cabeza y se apoyaba sobre el respaldo de su silla. "La buena noticia es que no está loca. La mala noticia, sin embargo, es que tiene una enorme codependencia. Su familia tiene muchos antecedentes de alcoholismo. Sus padres son hijos adultos de alcohólicos, razón por la cual se sintieron atraídos entre sí, para empezar. Lo más frecuente es que los hijos adultos no sean conscientes de cuánto los afectó el alcoholismo de sus padres. En pocas palabras, la criaron hijos adultos de alcohólicos y usted debe darse cuenta en la medida de lo posible de cómo el alcoholismo la ha afectado de manera indirecta. Su vida es el resultado de su manera de pensar, y su pensamiento es el resultado de la programación y el condicionamiento de su niñez, y su programación es el resultado de la programación de sus padres. Así que para resolver todos estos problemas, deberá volver a donde comenzó. ¿Está dispuesta a iniciar ese viaje?".

El primer paso a casa

Ese día dejé el consultorio de Ed con la sensación de estar despierta. Recién había comenzado mi viaje, pero al menos sentía haber encontrado un camino que podía seguir para salir del envilecido bosque de pensamientos en el que vivía en ese momento. Ed me dijo que quería que comprara algunos libros para ayudarme a comenzar mi viaje de descubrimiento de mí misma. Sugirió los libros *Ya no seas codependiente* y *El arte de olvidar*, ambos de Melody Beattie. Esa tarde no caminé hasta la librería. Fui corriendo.

Las primeras páginas de *Ya no seas codependiente* me asustaron. Era como si estuviera leyendo un libro escrito justo para mí: su sinceridad, su verdad, su vigor y su claridad eran casi demasiado para la capacidad de asimilación de mi mente. Por instinto entendí que si seguía leyendo ese libro entendería por fin quién era. Me sentía como puede sentirse alguien cuando se le pregunta si está interesado en conocer a su padre o a su madre desconocidos. Me preguntaba si me gustaría la persona a la que encontraría y luchaba con las ideas de lo desconocido. Si seguía leyendo ese libro y otros sobre la codependencia, cambiarían las cosas en mi vida. Deberían cambiar, porque lo que descubría me cambiaría.

Absorbí los dos libros de Melody Beattie como las esponjas secas absorben el agua. Hasta leer sus libros, no tenía noción de lo sedienta que estaba en realidad. Ed tenía razón. Tenía una enorme codependencia. Estaba perdida dentro de un mundo que dos hijos adultos bienintencionados de alcohólicos habían definido, dos personas cuyas propias vidas se habían visto directamente afectadas por la adicción al alcohol. Cuanto pensaba y creía sobre mi mundo estaba construido sobre la base de sus sistemas disfuncionales de creencias. Mis padres nunca podrían haber sabido cuán defectuosos eran sus sistemas de creencias. El alcoholismo nos había afectado a mi hermano, a mi hermana y a mí —de manera indirecta, pero en última instancia nos había afectado—.

Como si mi mente estuviera abriéndose como una lata de aluminio, estos libros arrojaban luz sobre aspectos de mi vida que podrían haber permanecido para siempre en la oscuridad si no me hubiera enterado de ellos. La información que reuní, junto con mis sesiones semanales con Ed, me ayudó a mantenerme enfocada en los días que tenía por delante. Ed me ayudó a entender que para llegar a estar en verdad sana algún día, iba a tener que entender mi yo desde mi interior hacia fuera. Me hizo darme cuenta de cuán poco tenía que ver Steven con mi infelicidad. Mis problemas comenzaron cuando una adolescente de diecinueve años cuyos padres eran alcohólicos me concibió, no el día que elegí dejar mis estudios de enfermería para casarme con Steven.

Le imploré a mi marido que fuera conmigo a conocer a Ed. Steven era tan codependiente como yo. Dependía de mí y yo dependía de él. Para que cualquiera de los dos estuviera sano, deberíamos encarar de frente esa enfermedad emocional. Estaba por completo convencida de que si Steven abría su mente a lo que yo estaba intentando lograr, estaríamos por encima de todo lo pasado. Tenía mi objetivo claro. Después de leer *Ya no seas codependiente*, estaba segura de qué debía hacer. Romper el ciclo de codependencia que había atormentado a mi familia durante generaciones se convirtió en mi pasión. Adoraba a mis hijos demasiado como para no emprender ese camino.

Steven rehusó ver a Ed. No obstante, accedió a consultar a otra terapeuta de parejas de la zona llamada Alice. Fuimos a verla como pareja. Pocos meses después de haber comenzado con el tratamiento, Alice me preguntó si no había problema con que comenzara a tener sesiones solo con Steven. "Hasta donde puedo ver, Lisa, usted tiene en claro qué quiere. Quiere que su matrimonio funcione, pero para sobrevivir debe cambiar. Y me doy cuenta de que está dispuesta a hacer lo necesario para asegurar su supervivencia. Sin embargo, no estoy segura de que su marido esté dispuesto a hacer lo necesario para tener un matrimonio sano. Así que me gustaría hacer algunas sesiones a solas con él para descubrir qué piensa", dijo.

Unas semanas más tarde, sonó el teléfono de la cocina. Era Alice. "Hola, Lisa, ¿tiene un minuto?", preguntó.

"Por supuesto", le dije, ansiosa por escuchar lo que tuviera para decir.

"Después de pasar tiempo con Steven, debo decirle que no está dispuesto a cambiar. No está dispuesto a aprender sobre la codependencia. No tiene interés en cambiar ninguna de sus formas de actuar y de hecho lo hace enojar el que usted no sea feliz y espere que él cambie en absoluto. A su modo de ver las cosas, usted debería estar agradecida con él. Desde su punto de vista, usted es egoísta y poco realista. Insiste en que cree que usted está loca por siquiera querer ir a terapia. No cree que haya nada malo con él o con la manera en que la trata".

Cuando Alice terminó su tercera oración ya habían comenzado a brotar lágrimas de mis ojos. Me di cuenta de que Steven y yo estábamos en un punto muerto y su incapacidad para llegar a un acuerdo conmigo implicaba que yo debía tomar algunas decisiones serias sobre el resto de mi vida. Para esa altura ya me había enterado lo suficiente sobre la codependencia como para darme cuenta de que no podía cambiar a nadie, solo a mí misma, y de que no podía salvar mi matrimonio sola. "¿Ahora qué, Alice? No quiero divorciarme".

"Lisa, no puede detenerse ahora. Está en el camino correcto y no puede dar marcha atrás. Y si lo hiciera, todo lo que ha aprendido hasta ahora habrá sido para nada. Tiene en sus manos un enorme niño pequeño", dijo.

El camino de regreso a mí

Mis hijos estaban sentados en el sofá. Estaban viendo *Rugrats* en Nickelodeon. Steven acababa de volver a casa del trabajo. Más temprano esa misma tarde había tenido una sesión con Alice. Se veía enfadado. Sus llaves hicieron un fuerte ruido metálico cuando las arrojó sobre la encimera. Cuando lo saludé, me ignoró. Yo estaba de espaldas a él. Estaba revolviendo salsa de tomate en una cacerola. Esa noche íbamos a cenar espaguetis. Saboreé el momento. Estábamos todos juntos. Sin embargo, todo estaba por cambiar. Podía sentirlo.

Cuando la voz de Steven rompió el silencio ensordecedor que nos separaba, yo estaba preparándome para escurrir los espaguetis. "Alice dijo que no tengo que cambiar solo porque tú quieras que lo haga. Me dijo que no tenía por qué hacer algo que no quisiera. También me dijo que tengo derecho a sentir lo que siento. Así que, adivina qué: no voy a cambiar. Esa es mi decisión".

Ed me había sugerido que aprendiera a contenerme cuando estuviera con alguien a quien temía. Practiqué no reaccionar a lo que decía Steven y optar, por el contrario, por asimilarlo. "Así que... ¿qué vas a hacer ahora, sabelotodo?". Steven me lo preguntó parado sorprendentemente cerca de mí, casi susurrándome al oído. Giré para mirarlo directamente a los ojos. Durante un momento permanecí quieta mientras el vapor de la pasta que salía del fregadero humedecía la espalda de mi camiseta. Mis ojos se fijaron en los de él; busqué un indicio del hombre que yo sabía que existía en algún lugar detrás de sus ojos. Pero lo único que encontré fue ira.

Miré un segundo a mis tres bebés sentados ahí, en nuestro sofá de cuero granate. Se habían cansado de escuchar discutir a su padre y a su madre. Esos días, se perdían en tierras de fantasía de la televisión por cable. Sus miradas ciegas me rompieron el corazón. Ya no podía ignorar la realidad de lo que había hecho. En ese momento supe que necesitaba frenar el ímpetu de mi vida.

"¿Sabes qué va a suceder si sigues con toda esta mierda, Lisa? Vamos a terminar divorciándonos porque no terminas con estas sandeces locas tuyas. Todo es cuestión de tus sentimientos, tus sentimientos, tus sentimientos. ¿Crees que la mayoría de la gente es feliz estos días? Nadie es feliz estos días, Lisa. Lo que quieres ni siquiera existe. Pero te lo advierto: si no dejas de visitar a ese desquiciado de Ed y si no dejas de leer esos libros de autoayuda, vamos a terminar divorciándonos. ¿Eso es lo que quieres, Lisa? ¿Quieres el divorcio, eh, eh, eh? ¿Lo quieres?". Steven me instigaba. Su voz se hacía más intimidante con cada sílaba.

Como si estuviera hablando mi espíritu, le respondí: "No, Steven, no quiero el divorcio. Lo necesito". Clavé profunda mi mirada en sus ojos marrones chocolate con leche. "Alice tiene razón. No tienes que cambiar. Es tu derecho. Pero yo también tengo derechos. Y tengo el derecho de querer más de un matrimonio. Ahora sé que no puedo cambiarte. Me equivoqué al intentarlo. Lo siento. Siento no ser quien quieres que sea. Y lo siento, pero tú no eres quien quiero que seas. Siento haberte dado autoridad. Siento haberme preocupado tanto por lo que pensabas de mí. No debería haberte hecho responsable de mi felicidad. Me equivoqué al esperar que me hicieras sentir digna. Nunca fue tu obligación darme lo que debería haber podido darme a mí misma".

Steven no lo sabía, pero estaba despidiéndome. Se quedó ahí parado. Se veía desconcertado. No estaba acostumbrado a que estuviera tan calma y fuera tan clara. La frustración y muchas veces las lágrimas habían salpicado los años que nos llevaron a ese punto. Sin embargo, ese día descubrí que ya no me quedaban lágrimas por llorar. Era suficiente. Como si un viento gigante hubiese sacado por la puerta trasera todo lo que sentía por Steven, había desaparecido toda emoción afectuosa que me hubiera despertado alguna vez.

Llamé a los niños a cenar. Adoraban los espaguetis y a mí me encantaba mirarlos mientras los comían. Steven se sentó a comer con los niños. Estaba callado y solo gruñó unas pocas veces cuando uno de los niños le pidió que le pasara una servilleta. Me sorprendí de cuán en paz me sentía. Era muy probable que esa fuera nuestra última comida juntos como familia, si bien estaba segura de que Steven estaba convencido de que yo fingía.

Ed y Melody Beattie fueron maestros maravillosos. Aprendí lo que me habían enseñado bien. Ed me dijo que no esperara que las cosas cambiaran de la noche a la mañana. Me dijo que me había llevado mucho tiempo llegar a donde estaba y que me llevaría mucho tiempo llegar a donde quería ir. También me dijo que todo viaje nuevo comienza con un primer paso.

Sentada allí, en la mesa de formica blanca de la cocina, miré a todos sorber sus espaguetis sin decir una palabra, como observadora, desprendida de la dinámica que había creado. Podía sentir el poderoso tirón de la inercia dentro de mí cuando clavé los frenos del tren descontrolado en el que se había convertido mi vida. Ya no me sentía como una marioneta colgada de hilos. Ahora me sentía más como una mosca en la pared o una oruga a punto de salir de su capullo. No sabía a dónde iba, pero sabía que tenía que ir.

El camino de regreso a mí ha sido largo. Muchas veces me tropecé en él. Con frecuencia sentí que el miedo, la duda y la culpa me agobiaban tanto que consideré dar la vuelta. Al principio sentí que había dado un paso al abismo. Mis tres niños pequeños pegados a mis faldas agravaban mis preocupaciones. No era una aventura que fuera a emprender sola. Mi determinación por romper el ciclo de codependencia de mi vida me ayudó a superar mis momentos más oscuros. Las veces que me encontré angustiada por la soledad, la duda, la vergüenza o la culpa, me recordé que mis hijos estaban aprendiendo de mí. Para poder liberar a mis hijos de las horribles ilusiones de la codependencia de sus vidas, debía enfrentar a mis demonios y darles fin. El amor y el respeto que tenía por su futuro era la luz que me mostraba la senda del camino de regreso a mí.

CPSIA information can be obtained
at www.ICGtesting.com
Printed in the USA
BVHW030046130322
631351BV00006B/145